교 사 들 의
좋은교수습관
지 침 서

손으로 가르치고
손으로 배우자

유해숙 · 민은미 지음

교사들의 좋은 교수 습관 지침서

손으로 가르치고
손으로 배우자

초판 1쇄   2015년 2월 5일

지은이   유해숙, 민은미
발행인   김재홍
디자인   박상아, 고은비
교정·교열   안리라
마케팅   이연실

발행처   도서출판 지식공감
등록번호   제396-2012-000018호
주소   경기도 고양시 일산동구 견달산로225번길 112
전화   02-3141-2700
팩스   02-322-3089
홈페이지   www.bookdaum.com

가격   14,000원
ISBN   979-11-5622-071-8 13370

CIP제어번호   CIP2015002412
이 도서의 국립중앙도서관 출판시 도서목록(CIP)은 e-CIP 홈페이지(http://www.nl.go.kr/ecip)에서 이용하실 수 있습니다.

교 사 들 의
좋은교수습관
지 침 서

손으로 가르치고
손으로 배우자

유해숙·민은미 지음

지식공감

교장이 해야 되는 가장 중요한 일

"짝짝짝……."

우리 학교 교원 열한 분이 도서실에 모여 수업 후 협의회를 마치고 경쾌하게 쳐내는 손뼉 소리. 이 박수 소리와 박수를 하며 웃는 교원들의 얼굴빛에서 묻어나는 것은 각자 자신에게 보내는 자신감과 자긍심과 희열이다.

나와 함께 근무하며 짧게는 1년간, 길게는 4년 동안 수업 연구에 참여해 준 본 교 선생님들에게 이 시간들이 약이 되었으면 좋겠다는 간절한 바람을 가져본다.

나는 1971년 5월에 영광의 군남송흥초등학교에 첫 발령을 받았다. 그리고 그해 9월에 교내 교원들을 대상으로 수업을 공개했다. 4학년 수학과 도형 수업이었다. 그날 오후에 교무실에 모여서 꽤 어둑해질 때까지 많은 선생님들로부터 질책을 받았다. 나는 교무실에서부터 울기 시작해서 하숙방에서도 저녁도 먹지 않고 엄청 울었다. 관사에 사시는 친한 선생님께서 오셔서 문을 두드렸지만 부끄럽고 속상해서 나가지 못하고 계속 울었다.

초임지에서 4년 9개월간 근무를 하며 다른 선생님들의 수업을 본 기억은 없다. 나도 그때 딱 한 번 수업을 했을 뿐이다. 하지만 나는 그때 무지하게 혼

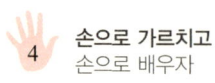

난 덕분에 수업은 그냥 하는 게 아니라는 것을 알았다. 그때 수업도 시키고, 교무실에서 무지하게 혼내시던 박병원 교장 선생님은 나에게는 대단한 은인이시다.

두 번째, 세 번째, 네 번째 학교에서는 다른 선생님의 수업을 한 번도 보지도 않았고, 나에게 수업을 하라고 하지도 않았다.

그리고 다섯 번째 학교인 신태인초등학교에서 근무하던 1986년에 정읍교육청에서 정읍의 학교를 4권역으로 나누어 지역별 시범 수업 제도를 운영했다. 그때 나는 5학년을 담임하면서 원광대학교 야간대학 2학년에 다니고 있어서 눈코 뜰 새 없이 바빴는데 수업이 신태인초등학교에 배당되었고, 그 몫이 나에게 돌아왔다. 초임지에서 첫 해에 수업을 공개해 보고 15년 만에, 그것도 4권역 모든 선생님들이 참관하는 수업을 공개하게 된 것이었다. 그때 내가 느꼈던 부담감의 무게는 태산보다도 더 무거워, 그야말로 고통 그 자체였다. 몇 날 며칠을 밤잠 못자고 '새교실'과 '교육자료'에 나온 시범 수업안들을 뒤져보며 궁리에 궁리를 거듭했다.

수업은 5학년 국어과, 글 요약하기였는데, 40분 수업이 60분이 걸렸다. 그때 동요하지 않고 끝까지 경청해 준, 교실은 물론 복도까지 꽉 메웠던 참관자들. 언제 떠올려도 참 고맙다. 수업 후 협의회에서 시간 소요에 대해서 몇 분이 말씀해 주시고 또 여러 가지 지적도 받았지만 칭찬도 많이 해 주셨다.

그리고 이듬해 1학년을 담임했는데, 그해에도 4권역 시범 수업은 신태인초에서 하게 되었고, 또 나에게 기회가 왔다. 그때는 기회라고 생각하지 못했고, 두 번씩이나 수업을 맡겨 주신 지금은 고인이 되신 정남렬 교장 선생님이 많이 원망스러웠었다. 하지만 그게 얼마나 천금 같은 귀한 기회였는가.

1990년에 한국교원대학교 대학원에 파견되어 2년간 공부하고 1992년에 정읍남초등학교로 발령을 받았는데, 정읍교육청에서는 그해까지 권역별 시범 수업 제도를 운영했던 것 같다. 수업 기회가 다시 나에게 왔다. 그해에도 5학년 국어과 수업을 공개했다.

1997년에는 덕천초등학교에서 교통안전 시범학교 주무를 보았는데, 시범학교 운영 결과 발표 시 1학년을 데리고 수업을 공개했고, 이듬해 대흥초등학교로 옮겨 사회과 연구학교 주무를 보며 선생님들을 모시고 사회과 지식 탐구수업에 대하여 실제 수업을 토대로 깊이 있는 협의를 하는 가운데 사회과 수업 방법에 대해 터득하기도 했다.

2003년 동호초 교감 시절에는 교감연찬회를 주관하는 학교의 수업을 함께 근무하던 저경력 교사들을 모시고 가서 같이 참관하고, 돌아와서 늦은 시각까지 선생님들에게 수업을 보는 방법에 대해 지도해 드리기도 하였다.

그리고 교장이 되기 전 정읍교육청에서 4년간 장학사를 하던 시절에는 교사들의 수업장학이 가장 중요한 일이라는 생각으로 근무를 하였다. 이때 '수업명장제'와 '수업 기술 나누어 갖기'를 기획해서 운영했고, 장학 지도, 학교 평가 등을 나가기 전에는 지정 수업하실 선생님으로부터 수업안을 미리 받아 밤늦게라도 꼼꼼히 살펴본 후, 수업자를 교육청으로 모셔서 수업 구성에 대해 다시 논의하였다. 그런 과정을 거치면서 친화감도 높였다. 따라서 당일 장학 지도나 학교 평가를 나가서 수업을 보게 되면 수업자는 장학사라고 해서 두려움을 갖기보다는 수업 구성에 대한 책임이 장학사에게도 있기 때문에 편안한 마음으로 수업을 보여주시곤 했다. 나는 수업을 보고 나면 반드시 참관한 교사들을 전부 모시고 수업 후 협의회를 하면서 교사들의 수업을 보는 안목을 넓혀주는 일에 최선을 다 하였다.

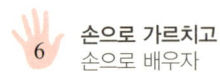

장학사 시절 4년 동안에 내가 참관한 수업이 근 90여 회가 될 것이다. 이런 일들은 한편으로는 교장을 준비하는 일이기도 했다.

나는 2007년 9월에 소성초등학교 교장으로 발령을 받았다. 그리고 3년 후에 현재 재직 중인 입암초등학교로 자리를 옮겼다.

나는 교장으로서 학생 교육에 심혈을 기울인다. 매주 월요일이면 전교생의 얼굴을 보며 훈화를 하고, 사자소학/ 명심보감/ 시 감상/ 웅변 등을 직접 지도하며, 독서교육에도 최선을 다한다. 또한 학습 실적물인 쓰기 교과서, 학습장, 일기장, 독서 이력장 등을 정기적으로 점검하기도 한다. 아울러 학교 뜰에 꽃을 심고 가꾸는 일도 소홀히 하지 않는다.

그러나 교장이 하는 일 중에 가장 중요한 일은 바로 교사들의 교수 능력을 증진시키는 일이라고 생각한다. 특히 교사 초기에 잘 배워두지 않으면 수업 태도가 고착화되어 고치기가 어렵다는 것을 장학사 시절 수많은 경력 교사들의 수업을 보면서 절감했기 때문이다.

그래서 해마다 한 분이라도 신규 교사를 모시려고 노력했고, 모신 이상은 그들을 철저히 지도하려 애를 썼다. 그들은 앞으로 몇십 년간 몇백 명의 이 나라의 소중한 동량들을 제대로 가르쳐야 할 분들이므로.

같이 근무한 신규 교사들은 적어도 학기당 1회씩은 자신의 수업 연구 기회를 드렸고, 일 년이면 15회 정도 동료 교사의 수업 연구에 참여할 기회를 드렸다. 또한 한 학기는 주 1회씩 교장의 사전 지도 없이 스스로 구성해서 운영하는 수업을 참관하고 당일 오후에 만나서 지도해 드렸다.

마지막으로 만난 신규 교사가 민은미 선생님이다. 2013년 12월 3일자로 본 교에 발령을 받아 오셨다.

신규 교사가 발령을 받아오면 나는 근무 전에 미리 모시고 오리엔테이션 자료를 중심으로 1시간 정도 지도해 드리고, 근무 첫날 오후에는 교직원, 학생, 학부모를 모시고 취임식도 해드리곤 했다. 민은미 선생님도 그렇게 해 드렸다.

민은미 선생님의 첫 수업은 발령 2주 후인 12월 19일에 참관하고, 이날 오후에 기본적인 것들을 지도해 드렸다.

그리고 2014년에 4학년을 배정해 드리고 3월 둘째 주부터 다시 수업 참관을 하기 시작해서 10월까지 총 13회의 수업을 참관했다. 이 기간에 2013년 12월 20일에 병역 복직을 한 이웅비 선생님의 수업도 여러 차례 참관했고, 두 분 선생님의 수업을 참관한 날 오후에 지도를 할 때는 2013년 4월에 병역 복직을 한 김종대 선생님까지 세 분을 모시고 지도를 해드렸다.

이 책은 장학사 4년, 교장 7년 반을 하면서 본 교 혹은 타 교의 수많은 선생님들의 200회 이상의 수업 컨설팅 결과인데, 컨설팅을 받았던 몇 분 선생님의 권유가 있었고, 나와 같이 근무했던 신규 교사들이 처음에 배운 것들을 잊지 않게 해 드릴 방법을 생각해 보다가 정리해 보게 된 것이다.

그동안 컨설팅을 하며 수없이 되풀이해 드렸던 주요 내용을 19개의 꼭지로 묶어 보았다. 그 19개는 다름 아닌 교사들이 지녀야 할 좋은 교수 습관들이다.

아울러 더 보탬이 될까 해서, 민은미 선생님 수업을 참관하고 지도한 결과들을 관련 있는 꼭지에 첨부하였고, 민은미 선생님의 소감도 첨부했다. 매번 지도를 할 때마다 입꼬리를 올리고 별 같은 눈을 반짝이며 들어주던 민은미 선생님의 모습은 참 사랑스러웠고, 자신의 치부(?)를 숨김없이 드러내는 일에 용기를 내준 점도 참으로 고맙다. 또한 신규 교사도 아닌데 좋은 낯으로 수업을 보여주고 지도를 받아주신 이웅비 선생님과 김종대 선생님께

도 감사를 드린다.

이 책은 신규 교사뿐만 아니라 경력이 쌓인 분이라고 할지라도 자신의 교수 습관을 돌아볼 수 있는 데 보탬이 될 것이라 생각한다.

그동안 자신의 수업을 공개해 주고 나의 컨설팅에 귀를 기울여 주신 모든 선생님들, 특히 본 교에 근무하면서 수업 연구에 적극적으로 참여해 주시고, 내가 교장으로서 최선의 자세를 견지할 수 있게 해 주신 본 교 교원들에게 진정으로 무한한 감사와 존경과 애정을 보낸다.

2015.1.
컨설팅할 때 교사들과 같이 앉았던
입암초 교장실의 동그란 책상을 바라보며
유해숙

무엇을 어떻게 해야 되는지를 배운 시기

교육대학교에 진학하고 처음 맞은 교생실습의 경험을 떠올리면 아직까지도 그때의 설렘과 긴장감이 새록새록 떠오릅니다. 교생실습 때 입고 나갈 정장을 준비하면서부터 시작된 그 미묘한 떨림은 실습일이 다가올수록 커져만 갔습니다. 실습 학교에 가면 어떤 학년, 어떤 아이들을 만나고 어떻게 1주일의 시간이 흘러갈까, 그렇게 큰 기대감을 가지고 만난 첫 아이들의 모습은 정말 사랑스럽기만 하였습니다. 앙증맞은 손으로 연필을 쥐고 책상 앞에 앉아 또랑또랑한 눈으로 저를 바라보던 2학년 아이들의 모습이 어찌 사랑스럽지 않을 수 있을까요. 그렇게 처음 맞은 저의 1주일간의 교생실습 기간은 아이들을 예뻐만 하다 끝이 났습니다. 그리고 2학년 때의 실습도 그러하였습니다.

3학년 때부터는 참관 기간이 끝난 후 남은 기간에 실제로 수업을 진행해 볼 기회를 가질 수 있었습니다. 그리고 그때 처음으로 아이들이 예쁘기만한 것이 아니라는 것을 느꼈습니다.

제 수업에 집중하지도 않고 설명해 준 내용을 잘 이해도 못하는 아이들의 모습을 보며 사랑스럽기만 하던 마음은 금세 사그라지고 답답함과 원망스러움이 교차하였습니다. 제 말을 안 듣는다고 아이들을 탓하기만 하였던 것입니다.

그때의 경험에 임용시험을 준비하느라 각박하고 무미건조하게 흘러갔던 시간까지 더해지자 처음 교생실습을 준비하며 느꼈던 설렘과 기대는 어느덧 흐릿해지고 말았습니다.

그래도 임용고시를 어렵게 통과하고 나서 기간제교사로 근무하며 오랜만

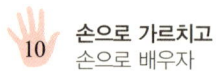

에 다시 학교 현장에서 아이들을 만나게 되니 예전의 그 기쁨과 설렘이 또다시 새롭게 다가왔습니다. 쉬는 시간마다 아이들과 웃고 떠들며 지낼 때는 교사로서 누릴 수 있는 기쁨이 이런 것이구나 하는 생각에 행복하기도 하였습니다. 하지만 한편으로 여전히 어렵고 마음이 무거운 부분이 있었습니다. 바로 수업 시간에는 그러한 기쁨이 느껴지지 않는 것이었습니다. 매 수업 시간마다 집중하지 않는 아이들을 지적하고 혼내야 했기 때문이었습니다. 아이들을 사랑하고 예뻐하는 만큼 그 어려움은 더욱 컸습니다.

그러다 정읍 입암초등학교에 정식 발령을 받고 유해숙 교장 선생님을 만나면서부터 그 어려움의 원인과 해결책을 차차 알아가게 되었습니다. 그것은 교사는 아이들을 예뻐하기만 하는 사람이 아니라는 것이었습니다. 아이들을 사랑하는 마음이 아무리 클지라도 교사로서의 전문성이 뒷받침되지 못한다면 그는 진정 참교사라 할 수 없다는 것을 알게 되었습니다. 그것은 마치 아이들에게 영양소를 골고루 갖춘 건강 식단이 아닌, 입맛에 맞는 달콤한 간식만 주는 것과 같은 모양새와 같다는 것을 깨닫게 되었습니다.

전문성을 갖춘 교사만이 아이들에게 건강한 식단과 같은 가르침을 줄 수 있고 그 전문성은 바로 수업을 제대로 구성할 줄 아는 능력에서 비롯된다는 것을 알게 된 후부터 기간제 교사 시절의 안이했던 제 태도가 너무 부끄럽게 느껴졌습니다. 처음 교생실습을 나가서 아이들을 만날 때 제가 큰 설렘과 기대를 가진 것처럼 저를 만나게 된 아이들도 그와 같은 마음이었을 것입니다. 이렇게 소중한 인연으로 만난 아이들에게 제대로 된 가르침을 주지 못했다는 사실이 너무 부끄러웠습니다.

아마 교장 선생님께 수업 지도를 받지 못했다면 정식 발령을 받고 1년여가 지난 지금까지도 나는 무엇이 부끄러운 것인지도 모르는 채로, 여전히 어렵고 마음이 무거운 채로 교단에 서 있겠지요. 생각해 보면 참 섬뜩한 일입니다.

2013년 12월 3일에 발령을 받았는데, 12월 19일에 교장 선생님의 첫 수업 참관이 있었고 당일 오후에 교장실에서 얼마나 얼굴이 화끈거렸는지 모릅니다. 그리고 다시 2014년에는 3월부터 1주 혹은 2주에 한 번씩 교장 선생님께 수업을 공개하고 지도를 받았습니다.

학교 업무를 익히는 일도 바쁜데 수업 준비를 해야 하는 것에 대한 근심과 수업을 공개하며 느끼는 부담감과 긴장감으로 인해 무척이나 힘들었습니다. 그러나 그러한 시간들이 쌓여 차차 저의 수업 구성 능력이나 교수 능력이 개선되어 가는 모습을 보며 처음의 힘들었던 마음은 점차 굳은 다짐으로 변화하여 갔습니다. 그것은 바로 제가 아이들을 사랑하고 예뻐하는 만큼 교사의 전문성을 갖추기 위해 부단히 노력하고 그 능력을 토대로 아이들에게 바른 가르침을 주어야 한다는 것이었습니다.

이러한 다짐을 한 이후로 지난 1년여 간 교사로서의 전문성을 갖추기 위해 부단히 노력하였습니다. 그리고 그러한 노력을 기울일 의지를 갖게 된 것도, 노력한 만큼 성과를 이룰 수 있게 된 것도 유해숙 교장 선생님의 큰 가르침이 있었기에 가능한 일이었습니다.

이 책에서 제가 쓴 소감의 주된 내용은 수업에 관한 것이지만 그 밖에 학급 관리와 업무 추진 면에서도 교장 선생님께 배운 점이 많습니다.

2014학년도에 제가 맡은 4학년은 학교 전체를 통틀어 보았을 때 지도하기가 매우 어려웠던 학년이었습니다. 다른 학년에 비해 학생 수가 많기도 했지만, 학생들 한 명 한 명이 개성과 에너지가 넘쳐서 하나의 통일된 학급으로 이끌어가는 데 힘이 부쳤습니다. 이때, 학교를 안정감 있고 질서 있게 이끌어 가시는 교장 선생님의 모습을 보며 이를 저의 학급 운영 과정에 반영하고자 노력하였습니다. 특히 입암초등학교의 역점 교육 중 하나인 '좋은 생활·학습 습관 갖춘 이'의 지도만으로도 학생들의 생활 태도와 학습 태도가 크게 개선되는 모습을 보게 되었습니다. 이를 통해 학급 운영의 기본 토대를 다질 수 있었습니다.

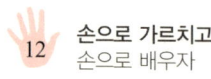

수업 구성과 학급 운영 외에도 행사 기획, 공문서 작성법 등 기본적인 사항들을 교장 선생님께서는 마치 학생들을 지도하듯 꼼꼼하고 자세히 안내해주셨습니다.

사실 이렇게 많은 것들을 열심히 배우긴 하였지만 아직도 저에겐 부족한 점이 훨씬 더 많습니다. 그러나 저는 이 시기에 무엇을 어떻게 해야 되는지를 배웠습니다. 그것이 얼마나 소중한 일인지 모르겠습니다. 그래서 저는 이렇게 배운 것들을 잊지 않고 끊임없이 되새기고 실천하기 위해 최선을 다할 것입니다.

불과 1년이라는 짧은 시간이었지만 이 시간은 저에게는 수업 구성, 학급 관리, 업무 추진 능력 등 교사가 갖추어야 할 요소들을 하나하나 다져 나가는 금과 같은 시간이었습니다. 만약 입암초에 발령이 나지 않았다면, 그리고 유해숙 교장 선생님을 만나지 못했다면, 지금의 저는 어떤 교사의 모습을 하고 있을까를 한 번씩 생각해 봅니다. 또한 훌륭한 가르침과 더불어 그것을 잊지 않도록 이렇게 기록으로 남겨주신 교장 선생님의 노고에 진심으로 깊은 감사를 드립니다. 교장 선생님의 가르침을 바탕으로 이제 제 스스로의 교육철학을 세워가며 교직 생활을 꽃피워 갈 생각을 하니 또다시 설렙니다. 저의 교직 생활에 자양분이 될 큰 가르침을 듬뿍 주신 교장 선생님께 존경과 감사의 마음을 전합니다.

출근 첫날 신규 교사 취임식 때 유해숙 교장 선생님께서 선물로 주신 '스승다운 가르침을'이라는 문구가 새겨진 가르침대, 늘 언제나 그렇게 하겠습니다.

2015.1.
아름다운 초임교 입암초등학교 4학년 교실에서
민은미

차례

1

손으로 가르치고
손으로 배우게 하는가?

'손으로 가르치는가?'라고 물으면, 대부분의 교사들은
'손으로 가르치지 않으면 무엇으로 가르쳐?'라고 반문할지도 모르겠다.
우리는 정말 손으로 수업을 하고 있는 것일까?
입으로만 가르치고 있지는 않는가?

'손으로 가르치는가?'라고 물으면 대부분의 교사들은 '손으로 가르치지 않으면 무엇으로 가르쳐?'라고 반문할지도 모르겠다. 우리는 정말 손으로 수업을 하고 있는 것일까? 입으로만 가르치고 있지는 않는가?

교과별로 살펴보자.

국어과 쓰기 시간에 쓰기를 지도할 때, 교사가 손을 하나도 안 쓰고 가르치는 경우가 있다. 예를 들어 편지 쓰기 형식을 가르치려 할 때, 학생들과 함께 교과서 내용을 보면서 입으로만 설명하고 끝내는 식의 지도를 하는 것이다. 하지만 실제로 편지 쓰기 형식을 가르치고자 한다면, 칠판에 편지 쓰기 형식에 대한 내용이 판서되어야 한다. 입으로만 가르치고 말거나 혹은 입으로만 가르친 뒤에 판서를 위한 판서를 하고자 한꺼번에 쓰는 것이 아니라, 순서에 맞게 가르치면서 그때그때 형식의 순서를 써 가야 된다. 즉 이렇게 판서를 하면서 지도해야 학생들의 머릿속에 그 내용이 훨씬 더 잘 기억된다. 아울러 학생들 또한 그것을 학습장에 써 보게끔 해야 한다.

그리고 실제로 학생들이 편지를 쓴 경우 교사는 반드시 그 내용을 읽어 보고 가필을 해 주거나 어느 부분을 수정해 보라고 피드백을 해 주어야 된다. 그것은 손을 써야만 가능하다. 그런데 학생들이 써 놓은 편지를 교사가 눈으로 보기만 하고 아무런 말이 없으면 지도가 온전히 끝난 것이 아니다. 이때 교사는 학생들이 형식에 맞추어 제대로 썼는지, 내용은 타당한지를 살펴보고 반드시 펜을 들고 학생의 작품에 문단 들여쓰기 표시를 하거나, 하고 싶은 말이 빠졌다거나, 날짜를 쓰라는 등의 피드백을 해야 되고, 학년 수준으로 볼 때 잘되었다면 칭찬의 말을 쓰거나 아니면 즉시 보상(교사 도장 찍어주기, 별 그림 수로 표시하기, 스티커 붙여주기 등)을 하고 나중에 보상을 하는 등의 활동이 필요하다.

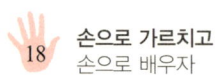

수학 시간에도 마찬가지다. 때때로 문제의 풀이 과정을 직접 써가면서 보여주어야만 가능한 수업을 전혀 분필 한 번 안 잡고 교과서를 읽어가며 옹색스럽게 설명을 입으로만 하는 경우가 있다. 모든 교사가 그렇다는 것은 아니다.

다음 문장제의 경우를 살펴보자. 4학년 수학과에 다음과 같은 '생각열기' 글이 있다.

> 칫솔 한 개의 무게는 20g이고 비누 두 개의 무게는 240g이라고 합니다. 치약 한 개의 무게는 110g입니다. 칫솔 1개와 비누 1개를 합한 무게는 치약 1개의 무게보다 얼마나 더 무거운지 알아봅시다.

위의 글을 학생들에게 읽게 하고, 이 글 아래에 제시된 여러 가지 활동들(수직선 그림으로 알아보기, 식을 세워서 알아보기 등)을 학생들에게 해보라고 하면 학생들이 잘 할까? 혹은 교사가 이 글을 입으로만 계속 설명을 하면 학생들이 잘 이해할까? 이때 교사는 손에 분필을 들고 칠판 앞에 서야 된다. 그리고 써야 된다. 어떻게 쓸까? 다음과 같은 판서가 될 수 있겠다.

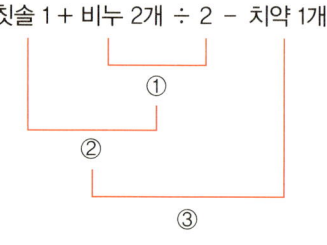

1. 요약
   칫솔 1개, 20g
   비누 2개, 240g (1개의 무게 : 240÷2)
   치약 1개, 110g

2. 해결해야 할 문제 : 칫솔 1 + 비누 1 − 치약 1

3. 식 만들기 : 20 + (240÷2) − 110 = 30

   칫솔 1 + 비누 2개 ÷ 2 − 치약 1개
   ①
   ②
   ③

　위의 판서 내용을 칠판에 한꺼번에 쓸 수 없다는 것은 교사들은 누구나 다 알고 있으리라 본다. 과정을 지도해 가면서(이해 여부의 확인 및 교사–학생의 상호작용을 통해서) 적시에 써야 된다. 이때 색분필로 써야 되는 경우도 있고, 줄을 그을 때는 자를 사용해서 반듯하게 그어야 될 것이다.

　특히 수학과의 문장제를 지도할 때는 칠판에 구조화하며 뼈대만 간추리는 것을 시범적으로 보이면서 꾸준히 지도해 주어야 학생들도 그런 방법으로 문장제를 해결하려는 태도를 갖게 된다.

　교사가 손을 아끼지 않고 써 가면서 설명을 하면 학생들은 훨씬 잘 이해한다. 그리고 오래 기억한다. 아울러 교사가 판서한 내용을 학생 자신이 학습장에 정리를 하게 되면 학생들은 훨씬 더 잘 이해하고 더 잘 기억하게 된다. 이 글을 읽는 교사들이 곰곰이 자신의 수업을 생각해 보고 이런 수학 수업을 할 때 내가 정말 이렇게 칠판에 써 가면서 수업을 했나?

스스로 돌아보면 좋겠다.

우리는 텔레비전을 통해서 혹은 현장에서 강사들로부터 강의를 듣는 경우가 허다하다. 어떤 강사는 손을 부지런히 써서 한자도 쓰고, 영어도 쓰면서 혹은 그림을 그리면서 설명을 한다. 어떤 강사는 앞에 꼿꼿이 서서 입으로만 끝내는 경우가 있다. 우리는 어느 경우에 더 잘 이해하고 더 오래 기억하는가, 생각해 볼 일이다.

내가 교사 시절에 가장 아쉬웠던 부분, 즉 나에게 가장 모자라는 능력이 미술, 특히 그리기였다. 나는 학생들에게 설명을 할 때 '어떻게 설명을 하면 학생들이 잘 기억을 할까?'를 늘 고민했다. 그래서 판서를 구조화하려고 노력했지만 그것만으로는 부족했다. 경우에 따라서는 약화를 필요로 할 때가 꽤 있었기 때문이다. 그런데 그때마다 제대로 그림을 그리면서 설명해 주지 못해서 나의 능력 부족을 절감하곤 했다. 그래서 교사로서 내가 제일 부러워한 사람이 그리기를 잘하는 교사였다.

언젠가 2학년들을 가르치던 해 5월 5일에 강원도 정선을 여행한 일이 있었다. 산자락을 휘감아 돌다가 길에서 가까이 있던 계곡엘 들어갔다. 아무도 들어간 흔적이 없는 태곳적 신비를 그대로 간직하고 있는 곳이었다. 적당한 크기의 돌들이 자연스럽게 층층이 계단이 되어 가파르지 않은 폭포를 이루고 있었는데, 은빛의 깨끗한 물이 콸콸콸 흘러내리고, 군데군데 돌 주변으로는 고운 이끼가 눈부신 초록빛을 뿜어냈으며, 사이사이로는 돌단풍이 싱그러웠고, 계곡 주변에는 우산나물, 제비꽃, 양지꽃 등이 지천으로 피어있었다. 그곳이 바로 무릉도원이었다. 이끼나 돌단풍 등이 한 움큼 떠오고 싶을 만큼 고와서 욕심나긴 했지만 나는 손을 댈 수가 없었다. 그 아름다운 곳을 망가뜨릴 수가 없었기 때문이었다.

다음 날 출근을 해서 2학년들한테 그 멋진 자연의 모습을 설명해 주고 싶었다. 잘 그리지 못하는 그림이나마 최선을 다 해서 칠판에 그렸다. 제목을 '강원도 정선의 무릉도원'이라고 붙이고 설명을 해 주었다. 아이들이 눈을 동그랗게 뜨고 내 설명을 들었다.

그런데 그다음에 또 어딘가를 다녀와서 "참 멋진 곳이었는데……."라고 말을 하려고 하면 아이들은 "아, 그 강원도 정선의 무릉도원처럼 멋졌어요?"라고 말을 하곤 했다. 아이들은 강원도 정선을 오래 기억했다. 내가 말로만 설명하고 말았으면 그리 오래 기억하지 못했을 텐데, 그림으로 자세히 그려서 설명을 했기 때문에 아이들은 오래도록 기억을 하는 것이었다.

이렇듯 시각화는 이해나 기억에 대단히 중요하다. 교사가 손을 아끼고서야 어찌 이런 시각화가 가능한가.

교사가 수업을 할 때 이렇듯 시각화를 염두에 두고 수업을 한다는 것은 곧 학생들에게도 손을 사용해서 쓰거나 그리거나 조작하게 해 주어야 된다는 뜻이다.

나는 2학년 국어과의 꾸며주는 말을 지도할 때는 브로치나 머리띠 혹은 모자를 준비해서 활용하곤 했다. 꾸며주는 말에 대해서 설명을 한 뒤에 교사 자신을 가리키며 "선생님, 예뻐?" 하고 물으면 아이들은 대부분 "예뻐요."라고 말하며 좋아한다. 이때 나는 브로치를 가슴에 달아 보인다. 아이들은 더 예쁘다며 손뼉을 쳐댄다. 머리에 머리띠까지 하면 더욱더 예쁘다며 손뼉을 더 세게 친다. 그때 나는 놓치지 않고 설명한다. 선생님이 브로치나 머리띠를 하지 않으면 선생님 옷은 평범한데 브로치나 머리띠를 하면 그 장식품 하나로 선생님의 모습이 더 멋져진다는 것, 문장에 꾸며주는 말이 없을 때는 평범했던 문장이 그 문장에 어울리는 꾸며주는 말 하나가 들어가게 됨으로써 문장을 훨씬 더 정확하고 자세하게

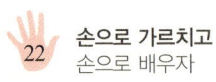

혹은 아름답게 만든다는 것을 다시 한 번 설명한다. 따라서 옷에 어울리는 장식품과 머리에 어울리는 장식품이 다르듯이 꾸며주는 말도 어울리게 써야 된다는 것을 가르친다.

그리고 숙제를 낼 때에 '자기 자신의 모습을 그리고 옷이나 머리를 꾸미는 장식품 그려보기'를 제시한다. 그러면 아이들은 즐겁게 해 오고 꾸며주는 말에 대해서 정확히 인지를 한다.

이렇듯 교사뿐만 아니라 학생들도 반드시 손으로 공부하게 해 주어야 된다.

교사는 손 안 쓰고 입으로만 하는 수업을, 학생도 손 안 쓰고 듣기만 하는 학습을 하고 있는 교실이 꽤 많다.

몇 년간 학교 평가위원으로 활동한 적이 있었다. 학교 평가를 할 때 대부분 2교시에는 각 교실을 순회하며 수업이 이루어지는 것을 보고 평가를 하게 된다. 그런데 꽤 많은 교실에서 칠판에 본시 수업과는 상관없는 것들(교사가 붙여놓고 편하게 볼 수 있는 유인물 등)이 가득 붙여져 있는 것을 볼 수 있었다. 그 교사는 칠판에 판서다운 판서(본시 수업의 핵심 판서)를 하지 않는다는 것을 알 수 있어, 씁쓸해지곤 했다.

과학과 수업을 하며 입만 가지고 어떻게 실험을 하게 할 수 있는가, 음악과 가창 수업을 하며 손으로 오르간을 안 치고 어떻게 음정을 제대로 잡아줄 수 있는가, 실과 수업을 하며 화분에 꽃 심기를 입으로만 하면 되는가.

물론 교사는 칠판에 판서 내용이 전혀 없이도 수업을 하지만, 학생들이야 전혀 안 쓰겠는가. 각 교과서마다 빈칸이 많아서 답을 써 넣어야 되므로 안 쓸 수는 없다. 여기서 말하는 것은 이런 기계적인 쓰기가 아니고 교사가 한 시간 수업을 위해 연구한 결과로서의 핵심 판서를 학생들로

하여금 쓰게 해 주어야 되고, 아울러 학생의 예습 등 자기주도적인 학습을 위한 공부 등도 쓰기로서 정리해 보도록 유도해야 된다는 말이다.

이 글을 읽고 있는 교사는 이제쯤 교사가 손을 써서 수업을 한다는 것이 무슨 의미인지 이해했으리라 생각한다. 왜 이것을 가장 첫머리에 썼는지도 이해해주면 더더욱 고맙겠다. 수업을 할 때 중요한 것은 무엇인가, 목표를 지향하는 수업이다. 수업을 별스럽게 화려하게 다양하게 해도 목표 도달도가 낮으면 안 된다. 교사의 머릿속에 학습 목표가 무엇인지, 어떻게 하면 목표 도달도를 높일 것인지 다 알고 있어도 손을 아끼고 입으로만 수업을 하면 효과가 대단히 적다는 것을 알았으면 좋겠다.

정리해 보자면 수업을 할 때 교사는 학생으로 하여금 수업 과정의 핵심적인 내용을 ①귀로 듣게 해 주고 ②판서해 가며 눈으로 보게 해 주고 ③판서된 것을 손으로 쓰게 해 주고, 그리고 ④쓴 것을 다시 눈으로 혹은 입으로 읽어보게(복습) 해 주어야 된다는 뜻이다. 교사 스스로 자신의 수업을 가늠해 보자. 나는 ①번에서 ④번까지 해 주려고 노력하고 있는지, 아니면 늘 ①번에서 마치고 마는지. ①번에서 마치는 수업이 바로 입으로만 하는 수업이다.

수업 시간에는 손을 부지런히 쓰자. 교사도 학생도. 교사가 손으로 가르치는 것이야말로 수업의 알파요 오메가이고, 학생이 손으로 배우는 것이야말로 학습의 알파요 오메가라고 할 수 있으니까.

4학년 2학기, 국어과(읽기), 7. 삶의 향기, 2/6차시, 교과서 134-140

학습 목표 : 이야기의 배경을 생각하며 인물을 이해하는 방법을 설명할 수 있다.

▶ 수업 참관 후 지도 내용

■ 손으로 가르쳐야 된다.

본 교사는 수업을 하면서 분필을 한 번도 잡아보지 않고 수업을 했다. 40분 내내 입으로만 수업을 했다. 수업 참관을 하기 위해 학교장이 교실에 들어갔을 때 칠판에 단원, 학습 목표, 학습 순서를 수업 시작 전에 미리 써 놓았는데 학습 목표나 학습 순서는 학생들과의 상호작용에 의해서 도출해 내야 된다.

핵심 판서를 미리 메모(손으로 직접)해 보고, 적시에 판서해 가며 가르쳐야 되고 학생들에게도 학습장에 쓰게 해야 된다.

■ 교사는 당당해야 된다.

가운데에 서지 않고, 오른쪽 업무용 책상 앞에 서서, 왼손을 윗배에 가로로 올리고, 오른손은 비스듬히 세우고 서서 수업을 했다. 이런 자세는 자신감이 없어 보인다. 학생들에게 지시한 후에 두 번 학생들 쪽으로 가서 살펴 본 것 외에는 거의 제자리에 서서 수업을 마쳤다. 가운데 교탁이 있는데, 본 수업과 관련 없는 몇 가지를 올려놓고 교탁으로 사용하지 않았다. 교탁 앞에 당당한 자세로 서서 수업을 해야 된다. 당당하려면 많은 준비가 필요하다.

■ '학습 순서'를 미리 써 놓고 정작 수업은 학습 순서에 대한 의식이 전혀 없이 진행했다.

'이야기 떠올리기, 방법 찾기, 방법 정리하기' 이 세 가지를 학습 순서로 수업 전에 써 놓았는데 수업은 이 순서들을 고려하지 않고 진행했다. 학습 순서는 형식적으로 쓰는 것이 아니고 학습 목표 도달을 위한 중요한 활동들이므로 학습 목표에 맞는 활동들이 선정되고, 선정된 활동에 맞게 수업을 진행해야 된다.

■ 전시 학습 상기를 하면서 전시의 학습 목표에 대한 의식이 부족했다.

(전시 학습 목표 : 이야기의 배경을 알면 좋은 점을 설명할 수 있다.)

교 지난 시간에 공부한 것 중에서 김덕령의 부모님에 관해 알고 있는 것을 말해볼까요?

학 김덕령의 부모님은~

교 누가 보충해 볼까요?

학 ~

교 이야기를 파악할 때는 시간과 장소, 그리고 중요한 사건을 알면 됩니다.

전시 학습 상기를 위와 같이 마쳤다. 전시 학습 목표는 '이야기의 배경을 알면 좋은 점을 설명할 수 있다.'인데 전시의 학습 내용을 전시의 학습 목표와 관련지어서 상기시키지 못했다. 전시 수업에서도 교사는 판서를 전혀 하지 않았음을 알 수 있다.

교사와 함께 전시의 학습 목표에 맞는 핵심 판서를 다음과 같이 정리해 보았다.

> **이야기의 배경을 알면 좋은 점**
> - 이야기의 시간과 공간을 알 수 있다.
>   - 시간적 배경 : 옛날, 조선시대
>   - 공간적 배경 : 호남의 큰 고을 광주, 무등산 자락, 외따로 떨어진 초가집
> - 사건이 일어난 까닭을 더 잘 이해할 수 있다
>   - 김덕령의 아버지가 중국 사람이 정하여 놓은 자리에 묘를 쓴 사건
>   : 중국 사람이 정한 곳이 명당이라고 생각했기 때문
>   : 조선시대에는 명당을 중요하게 생각했기 때문
> - 인물의 특성을 짐작할 수 있다.
>   - 가난하지만 당당하고, 자식의 앞날을 위해 어떤 일도 할 수 있는 부모가 있었음

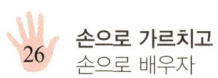

위와 같이 판서를 해가면서 전시 수업을 하고 학생들도 학습장에 정리를 했다면, 본시에서 전시 학습을 상기할 때 이 내용을 가지고 상기하면 수업이 훨씬 체계적이었을 것이다.

즉 교사의 발문과 학생의 응답이 다음과 같이 진행되었을 것이고, 이는 본시 학습 내용으로 자연스럽게 연계될 수 있었을 것이다.

교　지난 시간에 공부한 내용은 무엇입니까?

학　이야기의 배경을 알면 좋은 점에 대해서 공부했습니다.

교　이야기의 배경을 알면 좋은 것은 무엇입니까?

학　이야기의 시간과 공간을 알 수 있고, 사건이 일어난 까닭을 더 잘 이해할 수 있으며, 인물의 특성을 짐작할 수 있습니다.

교　그러면 이 이야기의 주인공인 김덕령은 어떤 특성을 갖고 있습니까?

학　김덕령은 가난하지만 당당하고, 자식의 앞날을 위해 어떤 일도 할 수 있는 부모가 있었습니다.

■ 수업을 하기 전에 반드시 교재 연구를 충실히 해야 된다.

수업 전에 반드시 교재 연구를 해야 되는데 가르칠 것을 그냥 눈으로만 읽어보기보다는 핵심 판서 내용을 손으로 직접 메모해 보는 일이 중요하다. 즉 핵심 판서를 구조화해 보면 가르치고자 하는 수업 전체가 교사의 머릿속에 일목요연하게 구조화된다.

지도를 받고　　교장 선생님께 수업 지도를 받고 난 후 저의 마음에 가장 크게 다가왔던 부분은 교사로서 부족한 부분을 많이 가진 채로 교단에 섰다는 사실이었습니다.

먼저 수업 외적인 부분으로는 수업자의 기본적인 태도가 갖추어져 있지 않았습니다. 학습 목표와 활동 순서는 학생들로부터 이끌어내야 하는 것임에도 불구하고 교사가 먼저 제시해버렸고, 판서를 할 때 칠판을 보는 학생들의 시선을 고려하지 않고 등을 돌려 판서를 하였습니다. 또한 자세한 안내 없이 학생들에게 지시를 하기도 했고 학생들에게 생각할 충분한 시간을 주지 않고 발문을 하기도 하였습니다.

학생들이 기본 학습 습관을 갖추고 있을 때 학습 능력이 수월하게 향상될 수 있는 것처럼, 제가 교사로서 수업자의 기본적인 태도를 갖추어야 학생들을 수업에 온전히 끌어들일 수 있다는 것을 알게 되었습니다.

수업 내적으로는 내실 있는 수업 구성이 이루어지지 않은 것입니다. 본시는 물론이고, 본시 수업을 보며 전시에 어떻게 수업을 했는지도 유추해내는 교장 선생님의 혜안을 보고 깜짝 놀랐습니다. 교육대학교에서 4년이라는 긴 시간 동안 공부를 했지만, 교장 선생님의 첫 지도에서 수업 구성에 대해 깨닫고 배운 점이 더 많았다는 사실이 놀랍고 부끄러웠습니다. 4년 동안의 학사 과정을 마치고 어려운 임용시험까지 통과하였지만 왜 정작 가장 중요한 수업을 제대로 하지 못할까 곰곰이 생각해보니, 그것은 실제 수업을 진행하기 위해 고민해 본 과정이 부족했기 때문이었습니다.

교장 선생님의 지도를 받기 전에는 말을 분명하게 하면 수업을 잘하는 것이라고 생각하였습니다. 교사가 수업 내용을 잘 파악하고 그것을 학생들이 이해할 수 있도록 전달하면 된다고 생각하였던 것이지요. 하지만 저는 제 수업의 대상자가 초등학생이란 사실을 잊고 있었습니다. 어른들도 말로만 설명을 할 때 간혹 잘 이해하지 못하는 경우가 있는데, 하물며 초등학생을 대상으로 하는 수업에서 말로만 지도한 저의 태도는 수업을 듣는 대상자를 고려하지 못하고 저의 편의만을 생각한 수업이었던 것입니다.

교재 연구를 할 때부터 눈으로만 교재를 읽는 것이 아니라 손으로 핵심 판서를 써가며 수업을 연구해야 하고, 실제 수업에서도 말로만 학습 내용을 설명하는 것이 아니라 그것을 손으로 판서해가며 학생들에게 명확하게 보여주어야 된다는 중요한 것을 알게 되었습니다. 즉 학생들이 공부한 내용을 꼼꼼히 기록할 때 학습 내용을 오래 기억하듯이, 교사도 머릿속으로만 수업을 연구하는 것보다 그것을 손으로 써가며 명시적으로 드러냈을 때 수업의 방향을 잡기도 훨씬 쉽고 조직적으로 구성할 수 있다는 것을 알게 되었습니다.

　　또한 자신 있게 수업 내용을 손으로 써가며 수업하기 위해서는 철저한 교재 연구가 바탕이 되어야 함을 알게 되어, 교재 연구에 열의를 다하여야겠다고 다짐을 하게 되었습니다.

　　교장 선생님의 첫 지도로 교사는 항상 배우고 연구하는 자세를 가질 때 수업을 잘하는 교사가 될 수 있다는 것을 다시 한 번 깊이 깨닫게 되었습니다.

2

학습장 쓰기는
어떻게 지도하는가?

'교사가 손으로 가르쳐야 된다면 학생은 손으로 배워야 된다.
학습장 쓰기야말로 학생은 물론이고
교사의 정돈된 학생지도의 총결산이라고 볼 수 있다.
각 교과의 차시, 단원, 학기, 학년에 대한 수업 근거이고, 학습 근거인 것이다.

교사가 손으로 가르쳐야 된다면 학생은 손으로 배워야 된다. 학습장 쓰기야말로 학생은 물론이고 교사의 정돈된 학생 지도의 총결산이라고 볼 수 있다. 각 교과의 차시, 단원, 학기, 학년에 대한 수업 근거이고, 학습 근거인 것이다. 그래서 본 교에서는 교사들의 판서를 중요시하는 만큼 학생들에게도 당연히 학습장을 쓰게 하고 있다.

본 교의 학습장 쓰기를 소개한다.

학습장은 다음과 같이 본 교에서 창의적으로 디자인하고 제본은 인쇄소에 맡겨서 제작한 것을 쓰고 있다. 학습장은 관리상 번거로울 것 같아서 한 권에 전 교과를 쓰게 하고 있다.

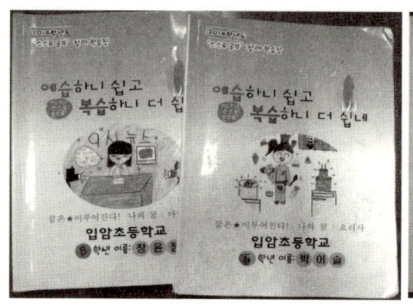
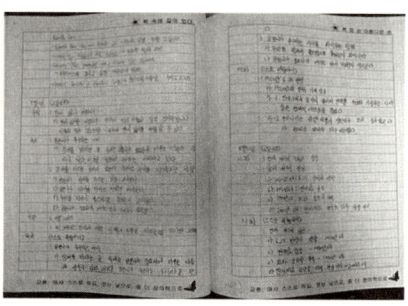

학습장 겉표지는 '학년도'와 '스스로 공부 장려 학습장'이라는 문구를 상단 왼쪽에 넣었고, 가운데에 학습장 제목을 『예습하니 쉽고 복습하니 더 쉽네』라고 붙였다. 제목 아래에는 각자 장래 희망을 그림으로 그리게 해서 일일이 학습장을 개별적으로 만들어주었다. 즉 이 학습장은 오로지 학생 각자 각자만 쓸 수 있는 하나밖에 없는 자신만의 학습장인 셈이다. 그리고 학습장 속지는 줄을 저, 중, 고 세 유형으로 간격 크기를 구분해서 시중에서 파는 것과는 달리 특히 저학년 학생들이 글씨를 쓸 때 줄 간격이 좁아서 어려움을 느끼지는 않도록 배려했다.

제목에서 보듯이 학습장 정리는 〈교실 공부〉와 〈스스로 공부〉로 나누어서 정리하도록 했다. 즉 예습은 스스로 공부이고, 복습은 교실에서 선생님이 판서해 준 내용을 학습장에 써서 복습할 때 활용한다는 뜻이다. 그러므로 〈교실 공부〉는 교실에서 선생님께서 정리해주는 내용을 쓰고, 〈스스로 공부〉는 집에서 학생 혼자 예습하거나 혹은 복습(오늘 배운 수학 문제 풀기나 영어 문장 쓰기 등) 내용을 쓰고 있다.

따라서 〈교실 공부〉 내용은 교사가 핵심적인 내용을 판서해 주어야 된다. 〈스스로 공부〉는 저학년에게는 좀 어렵고, 고학년은 충분히 가능하다. 그렇지만 고학년도 처음에는 담임교사가 다음과 같이 방법을 가르쳐 주어야 된다.

국어과의 경우에는 「읽기」 단원을 지도하기 전에 어려운 낱말을 교사가 불러주며 밑줄을 치게 해 주고, 집에서 과제를 정리할 때 〈스스로 공부〉라고 쓴 뒤 국어사전을 찾아서 학습장에 낱말과 뜻을 써봄으로써 뜻을 알게 하고, 다시 그 낱말로 짧은 글도 지어보게 하면 낱말의 뜻을 확실히 알게 된다.

수학과의 경우에는 오늘 (2위수)×(2위수)를 배웠다면 이 시간에 교사가 정리해 준 원리는 학습장에 〈교실 공부〉라 쓰고 그 내용을 정리하게 하고, 과제로 (2위수)×(2위수)의 문제를 10문제 정도 내줄 수가 있겠다. 그러면 학생들은 집에서 〈스스로 공부〉라고 쓰고 집에서 과제 10문제를 교실에서 정리한 원리를 보며 그런 방식으로 푸는 것이다. 과제를 한 것은 이튿날 아침 시간 등을 활용해서 담임교사가 점수를 줄 수도 있고, 과정이 생략된 답지를 교실에 게시해 놓으면 학생 스스로 점수를 주고 틀린 것은 과정을 스스로 연구해서 다시 풀도록 해도 좋을 것이다.

사회과의 경우에는 사실 거의 매시간 예습 과제가 필요하다고 본다.

사회과는 학습장에 써오기보다는 A4용지에 과제거리를 워드프로세싱을 해서 주고 과제를 해결하게 한 다음, 교실에서 수업 시간에 활용하고 과제가 잘못되었을 경우에는 수정을 한 다음에 바인더에 철해 갈 수도 있고, 학습장의 맨 뒤에 붙여갈 수도 있겠다. 물론 이 시간에 수업을 하며 판서된 핵심 내용은 〈교실 공부〉라 쓰고 학습장에 정리해야 될 것이다.

나는 선생님들에게 학기 초에 학습장 정리 방식을 안내해 드리고, 2주 정도 지난 뒤에 점검을 해본다. 그러면 가지각색이다. 가지각색인 학습장을 보며 다시 한 번 말씀을 드리고, 두 달 정도 지난 뒤에 또 한 번 보면서 칭찬도 하고 다시 지도를 하기도 한다.

교사가 수업 시간에 판서를 해주는 일은 아주 중요하다. 뒤에서 또 언급을 하겠지만, 학생이 자신이 정리한 내용만 죽 이어서 보아도 한 단원 혹은 한 학기분이 복습이 될 수 있도록 핵심적인 내용이 체계적으로 정리되어야 한다. 그래서 학생의 학습장 정리 상태만 보아도 그 담임교사가 어떻게 수업을 경영하고 있는지 알 수 있어야 된다. 그런데 아예 학습장 자체가 없거나 학습장이 있어도 한 학기 동안에 단 몇 장 쓰는 둥 마는 둥 하면 되겠는가!

초등학교 시절부터 학습장을 정리시키는 일은 자기주도적인 학습 방법을 체득할 수 있다는 점에서 아주 중요하다. 교사가 판서를 해 줄 때 글씨를 교과서체로 잘 쓰고, 중요한 것은 의도적으로 별(☆)표도 해주고 파도(〜)모양으로 밑줄도 쳐주고, 혹은 색분필로 써 주기도 해야 된다. 학생들은 그걸 보면서 어떤 내용이 중요한지, 중요한 것은 어떻게 정리를 하는지 알게 된다.

아울러서 학습장 정리를 할 때는 글씨를 교과서체로 쓰도록 지도해야 된다. 물론 일기나 독서 감상이나 보고서 등등, 또 교과서에 답을 써갈

때에도 글씨는 반드시 교과서체로 쓰도록 해야 된다. 학습장이나 일기 등을 교과서체로 반듯하게 쓰도록 지도하면 학생들은 자신의 쓰기 산출물을 사랑하게 된다. 그래서 자신이 정리한 학습장이나 일기장을 자꾸만 넘겨보면서 흡족해하는 것을 볼 수 있다.

사족을 붙여보자.

학습장은 꼭 학교 자체로 인쇄하지 않아도 된다. 사서 써도 충분하다. 시중에서 파는 학습장은 초등학생용으로 1-2학년용과 3-6학년용 두 가지로 구분되어 있다. 1-2학년용은 16줄 혹은 17줄로 나뉘어 있고, 3-6학년용은 22줄 혹은 23줄로 나뉘어 있다. 3학년의 경우에는 2학년 때 16-17줄 학습장을 사용하다가 갑자기 22-23줄 학습장을 사용하려고 하면 글씨가 제 모습을 갖추기가 어렵다. 그래서 1학기 정도에는 17줄 학습장을 쓰고, 2학기에 22줄 학습장을 쓰게 하는 것도 좋을 것이다.

때때로 1-2학년들이 3-6학년용 학습장을 가지고 올 때가 있을 것이다. 학생들이 무심코 사다 보니 그럴 수도 있고, 언니, 오빠들이 중학교에 가게 되어 집에 많이 남아 있으니까 그걸 가지고 올 수도 있다. 혹은 학교에서 상품으로 줄 때 배려하지 않아서 1-2학년에게 3-6학년 학습장이 주어질 수도 있다. 따라서 이런 경우에는 교실에 여분의 학습장을 준비해 두었다가 바꾸어주고 쓰도록 해야 된다.

학습장의 줄 간격이 좁으면 학생들의 글씨가 제대로 모양이 나오지 않는다. 그러므로 학년 초에 집에서 무심코 학습장을 사 놓기 전에 학급 담임교사가 안내해야 된다. 아울러 학교에서도 상품으로 학습장을 수여할 때 학년을 고려해서 수여해야 된다.

3

수업 목표를
의식하며 수업하는가?

수업이 성공적이지 못하다는 것은,
교사가 의도한 수업 목표나 학생이 도달해야 되는 학습 목표에
제대로 도달하지 못했다는 것이다.
그런데 목표 도달의 문제는 학생의 문제가 아니고,
전적으로 교사의 문제라고 본다.

본 교에서는 모든 교사가 1년에 두 번씩(학기당 1회씩) 수업 연구를 철저히 실천하고 있다. 한 차시 수업을 드러내는 본시안만을 짜지 않고 단원 단위의 교수·학습 과정안을 짜고 있다. 그렇게 하는 이유는 단원에 대한 포괄적인 지도 계획을 가져야만 본시 수업의 앞뒤 맥락에 의한 본시의 지도 위계가 확실시되기 때문이다.

만일 본시안만을 가지고 수업 전 협의회를 한다면 본 단원을 가르치는 이유, 단원의 목표, 단원 전체의 내용, 단원의 선수 학습이나 후속 학습과의 관련성 등을 알 수 없으므로 수업 전 협의회가 소기의 성과를 거두기가 어렵다.

이때 가장 중요한 것이 단원에서 지도해야 할 목표이다. 교과에서 지도할 목표는 각 교과별로 다르다. 목표를 각 교과별 영역에 따라 구분하여 제시해 보면 다음과 같다.

- 국어과 : 인지적 영역(지식, 기능), 정의적 영역(태도)
- 도덕과 : 인지적 영역, 정의적 영역, 행동적 영역
- 사회과 : 지식, 기능, 가치·태도
- 수학과 : 내용, 과정, 태도
- 과학과 : 지식, 탐구, 태도

교재 연구를 할 때는 본 단원에서 지도해야 할 목표가 영역별로 무엇인지, 본 차시에서 지도해야 할 목표는 무엇인지를 알고 수업에 임하는 것이 가장 중요하다(물론 단원의 지도 목표나 차시 목표가 교육과정의 어떤 성취 기준과 연관되어 있는지를 알아야 되는 것은 말할 필요가 없고). 목표를 제대로 알아야 수업을 구성하거나 전략을 짜는 일이 가능하기 때문이다.

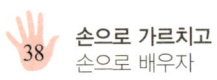

수업이 성공적이지 못하다는 것은 다른 말이 아니고 교사가 의도한 수업 목표나 학생이 도달해야 되는 학습 목표에 제대로 도달하지 못했다는 것이다.

그런데 목표 도달의 문제는 학생의 문제가 아니고, 전적으로 교사의 문제라고 본다. 예를 들어보자.

완도에서 배를 타고 청산도의 대봉산을 거쳐 거문도의 불탄봉까지 다녀오는 여행을 주도하는 배가 있다. 이 여행은 선장을 믿고 가게 된다. 선장이 청산도나 거문도에서 주어진 시간 안에 대봉산과 불탄봉을 목적에 맞게 등산하려면 시간 계획을 어떻게 세워야 되는지 정확하게 알아야 된다. 또 코스를 지나는 뱃길이나 등산 코스에서 주의할 점은 무엇인지를 제대로 알고 있어야 된다. 만약 그렇지 않다면 주어진 시간 안에 좋은 여행을 할 수가 없는 것이다. 즉 선장에 따라서 두 군데를 제시간 안에 멋지게 다녀올 수가 있고, 어느 경우에는 한 군데만 가거나 어느 경우에는 주의를 기울이지 않아서 사고를 당하게 되면 한 군데도 못 가고 돌아오거나 아니면 돌아오지 못하기도 한다. 한 군데도 못 가고 돌아오는 여행, 아예 돌아오지도 못하는 여행이 되면 선장은 선장 자리에 있을 수 있는가? 회사에서는 관광객에게 몇 배의 보상을 해야 되지 않겠는가?

교실의 수업도 이와 같다. 교실에 들어오는 학생들은 오늘도 담임선생님이 제시간 안에 제 코스를 데리고 가주리라 믿고 교실로 들어서는 것이다.

단위 시간 40분 안에 주어진 목표에 도달하기 위해서는 교사는 교재 연구를 충실히 해야 된다. 다시 말하지만 교재 연구에서 중요한 것이 목표다. 목표에 도달하려는 의지가 확고하면 교사가 해야 될 일, 학생이 해야 될 일에 대한 과제가 선명해지고 그에 맞게 시간이 조절된다.

3시간만 써야 될 청산도의 대봉산에서 5시간을 쓰면 그다음 코스는 가지 못하듯이, 주어진 목표 도달을 위해 주요 활동이 몇 가지인지를 확인한 후 적절히 시간 안배를 해야 되고, 과제의 경중에 따라서 다시 시간은 재편성되어야 되는 것이다.

그런데 저경력 교사들의 수업을 보면, 많은 선생님들이 단위 수업 시의 시간 안배에서 오류를 범하는 경향이 크다. 4쪽 분량의 수업을 40분 안에 마쳐야 되는데, 2쪽 정도 했을 때 40분이 다 지나는 경우가 허다하다. 그러면 나머지는 쉬는 시간에 잠깐의 시간으로 후다닥 마치거나 다음 시간으로 넘어가게 된다. 그러면 무슨 문제가 생기는가? 진도 맞추기에 급급해서 밀도 낮은 수업이 연속되는 것이다.

또 다른 문제는 수업을 40분 안에 마치더라도 목표하고는 다소 엇나간 방향의 수업을 전개하는 경우이다. 그것은 손님들을 배에 태우고 청산도를 가야 되는데 청산도 옆에 있는 대모도에 데려다 놓고 선장이 청산도에 도착한 척하는 것과 다를 바가 없는 것이다. 어른을 상대로 이렇게 하는 사람은 없다. 절대로. 그런데 교실에서는 이렇게 하는 경우가 있다.

예를 들어보자.

5학년 1학기 사회과, 학습 목표가 '삼국과 가야의 건국 이야기의 공통점과 그 속에 담긴 의미를 찾을 수 있다.'이다.

이 수업에서는 삼국과 가야의 특징을 정리할 때 건국자가 백제를 빼고는 모두 알에서 태어났다는 것이 드러나야 되고, 학생들로 하여금 그 내용을 보면서 공통점을 찾게 해 줘야 된다. 그런데 교사는 네 나라의 위치에 대해서 지도를 보여주고, 판서 내용도 위치에 집착해서 써 주었다. 학생들이 공통점을 잘 찾아낼까? 교사가 이미 샛길로 샜는데 학생들이 어떻게 공통점을 찾겠는가?

수업을 하면서 교사는 칠판에 학습 목표는 분명히 썼지만 교재 연구가 제대로 되지 않은 수업을 전개하다 보니 그야말로 삼천포로 빠지고 만 것이다.

그러다 보니 두 번째 목표인 '건국 이야기 속에 담긴 의미'도 제대로 찾아내지 못하고 수업이 흐지부지 끝이 나고 마는 것을 보았다.

또 다른 예를 보자.

5학년 1학기 국어과. 학습 목표가 '토론할 때에 지켜야 할 점에 대하여 알 수 있다.'이다.

이 수업은 학습 분량이 두 쪽밖에 안 된다. 첫째 쪽에서는 토론할 주제가 뭔지, 그리고 토론의 형태를 알게 해 주는 그림이 제시되어 있고, 찬성과 반대에 대한 의견을 듣기 자료에 의거해서 듣는 활동 1이 있고, 본격적인 활동은 들은 내용을 중심으로 그다음 쪽 한쪽에서 활동 2(주장에 대한 근거 정리), 활동 3(토론 태도가 바르고 바르지 않은 사람 찾기), 활동 4(토론할 때 지켜야 할 점 정리)를 하면 된다. 그래서 수업이 참 쉬울 것처럼 보이는데, 수업은 활동 2에서 이미 30분을 써 버렸다. 그리고 활동 3을 하는데 10분을 써서 40분이 되니까 정작 본시의 학습 목표와 직결되는 활동 4는 선생님이 답을 불러주면서 끝이 났다.

가장 중요한 활동 4는 활동 1, 2, 3이 충실히 되지 않으면 할 수가 없다. 활동 1, 2, 3을 충실히 하려면 주어진 시간 안에서 각 활동들을 어떻게 할 것인지 연구가 필요하다. 그런데 교사는 동기 유발에서 5분 이상을 쓰며 지난주에 본 교 자치활동에서 실시한 토론 활동에서 어떤 문제점이 있었는지를 7, 8명의 학생들에게 물었다. 학생들은 본시의 목표와는 아무런 관련이 없는 학생회장이나 사회자의 태도 등에 대해 언급했을 뿐이다.

단위 수업의 모든 활동은 동기 유발부터 끝까지 본시의 수업 목표를 겨냥해야 된다. 이 수업에서 교사는 '활동 4는 가장 중요하다. 활동 4를 여하히 하기 위해서는 활동 3까지의 활동이 제대로 되어야 된다'라는 목표 의식을 갖고 있었어야 된다. 활동 3까지 제대로 되면 학생들로 하여금 활동 4를 해 보게 하고, 각자 정리한 내용으로 짝과 의견을 나누어 보게 한 후, 최종적으로 교사와 함께 정리하는 과정을 거쳐야만 학생들은 그래도 본시의 목표에 가깝게 접근해 가는 것이다. 더 좋은 방법은 여기까지 한 다음에 도입 부분에서 했던 지난주의 토론 활동을 도입 부분이 아닌 정리 단계에서 상기시켜야 된다. 그리고 토론 시 지켜야 할 점 중에서 자신의 태도는 무엇이 잘 되고 무엇이 잘 되지 않았는지, 이 시간에 학습한 내용을 토대로 자신의 태도를 반성해 보게 하면 훨씬 목표 도달도가 높아질 것이다.

그런데 활동 3도 제대로 안 된 상태에서 활동 4를 교사가 불러주고 받아쓰면 정말 학습이 되었을까? 4교시에 이런 수업을 하고 5교시나 6교시쯤에 학생들에게 토론할 때에 지켜야 할 점을 말해 보라고 하면 학생들이 말할 수 있을까? 학생들은 답변을 잘 하지 못할 것이다. 답변 못하는 학생들에게 문제가 있는가? 생각해 볼 일이다.

교재 연구를 할 때는 수업 목표를 중심에 세우고 각각의 학습활동의 경중에 따라서 시간을 안배하고 시간이 안배되었더라도 전략을 제대로 짜야만 수업은 소기의 성과를 거둘 수 있는 것이다.

손으로 가르치고
손으로 배우자

2014. 3. 13. 2교시. 두 번째 수업 참관

4학년 1학기, 수학과, 1. 큰 수, 7/8차시, 교과서 22-25

학습 목표 : 수를 뛰어서 세고, 크기를 비교할 수 있다.

▶ 수업 참관 후 칭찬 내용

■ 학생들의 집중력이 개선되었다.

작년 3학년들이 금년 2월까지만 해도 주의 산만한 학생들이 몇 명 있었는데, 4학년이 된 후 거의 모든 학생들이 교사와 상호작용을 하며 높은 집중력을 보였다.

■ 스토리텔링을 하면서 중요한 내용을 메모하며 듣게 하고 중요한 내용을 다시 확인했다.

▶ 수업 참관 후 지도 내용

■ 교사 자신이 수업 목표에 대한 의식이 부족했다.

수업 목표는 크게 두 가지임을 알 수 있다. '뛰어서 세기'를 마치고, '크기 비교'를 할 수 있어야 된다. 활동이 1, 2, 3, 4, 5까지 있고, 마무리 활동까지 해야 되므로 활동은 총 여섯 가지이다.

22쪽 하단까지(활동 1) 제대로 하지도 않았는데 시간은 24분이 지나갔다. 남은 16분 동안에 활동 2, 3을 마쳤다. 즉 '뛰어서 세기' 한 가지만 하고 수업은 끝났다. 학습 목표를 쓰고 수업을 하게 하니까 교사가 학습 목표를 쓰기는 했지만 전혀 목표를 의식하지 않고 수업을 하는 것으로 보였다.

■ '뛰어서 세기'인데 학생들이 소리 내어 세지 않았다.

뛰어서 세기 수업은 학생들이 소리 내어 수를 세어야 어떤 자릿값이 반복

되는지 쉽게 알 수 있다. 활동 2에서 53000-63000-73000-83000-93000 을 소리 내어 읽다 보면 어떤 자릿값이 계속적으로 변하는지 알 수 있다. 그래서 학생들은 쉽게 10000씩 뛰어서 세었음을 알 수 있다. 그러나 교사는 이러한 방법을 말해 주지 않았고, 소리 내어 읽게 하지도 않았다.

■ 문장으로 말해 볼 수 있는 기회를 주지 않았다.

활동 2에서 세 번째 문제는 첫 번째와 두 번째 문제를 연관 지어서 이야기 해 보는 문제인데 교사는 무심코(?) 지나쳤다. 수학 시간에 학생들은 문장으로 구성해서 발표하는 일을 어려워하거나 귀찮아하는 경향이 있다. 답은 어떻게 해서 나왔지만 그 과정을 설명하라거나 두 자료를 비교해서 말하라거나 등의 요구에 어려움을 느낀다. 그간의 교과서에서는 항상 생각해 보게 하고 문장으로 말해 보게 하는 문제들이 늘 있어 왔지만 즉 몇 년간 이런 공부를 하면서 학년에 올라가건만 왜 어려움을 느끼는 것일까? 생각해 볼 일이다.

■ 활동들의 연계성에 대한 의식이 다소 부족했다.

다른 교과도 마찬가지지만 수학과에서 주어지는 활동들 역시 낱낱으로 떨어지는 것이 아니라 앞의 활동은 다음 활동과의 연계 관계에 있으므로 앞의 활동이 제대로 지도되어야 다음 활동이 여하히 지도되는 것이다.

본시에서도 활동 3을 학습할 때 빈칸에 답만 쓰기보다는 활동 2에서 학습한 대로 얼마씩 뛰어 세었는지, 10만부터 10배씩 뛰어서 세면 얼마가 되는지 학생들로 하여금 문장을 만들어 대답을 할 기회를 줌으로써 사고를 확장하거나 심화할 수 있도록 해 주어야 된다.

■ 심화 및 보충 지도가 빠졌다.

특히 수학과는 학생 간 개인차가 크게 나타난다. 본시에서 교사는 시간 부족으로 학습 목표 한 가지는 다루어보지도 못하는 결과를 초래했지만, 본 학급의 학생들 속에는 본시 학습 내용 전체를 다 알고 있는 학생, 조금만 설명하면 다 알 수 있는 학생, 설명을 여러 번 해도 이해하지 못하는 학생 등이

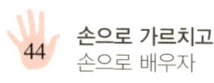

포진해 있다. 그래서 교사는 교재 연구를 충실히 하고 시간 안배를 잘 해서 앞서가는 학생들에게는 심화 문제까지도 줄 수 있는 준비와 배려가 필요한 것이다. 다 알고 있는 학생들은 이 시간에 무엇을 학습했는가?

지도를 받고 　수업을 계획할 때 가장 중요한 부분은 수업을 조직력 있게 구성하는 것이지만 이 부분이 미흡하다 보니 역시 실제 수업에서 많은 착오들이 있었습니다.

먼저 활동들을 설계하고 연계하는 부분이 미흡했습니다. 교과서에 제시된 내용들을 보고 어떻게 활동을 구성할지 무척 고민이 되었습니다. 그리고 여기에 대한 뚜렷한 해답 없이 수업을 진행하자 각 활동에서 성취해야 할 내용이 분명하지 않고 활동 간 연계성이 없는 수업이 되고 말았습니다.

이를 극복하기 위해서는 활동은 학습 목표를 통해서 이끌어 낼 때 유용성을 가지고 자연스럽게 연결됨을 알게 되었습니다. 이 시간의 학습 목표가 '수를 뛰어서 세기'와 '수의 크기 비교'하기라는 것을 명확히 의식하지 못한 것이 부끄러웠습니다.

수를 뛰어서 세기가 목표이기 때문에 단순히 주어진 빈칸에 답을 다는 것이 아니라 학생들 입으로 숫자를 뛰어 읽어보며, 어떤 자릿수가 변화하는지 명확하게 인식할 수 있는 기회를 주었어야 했던 것입니다. 이를 통해 자릿수의 변화를 명확히 인지하게 되면 그다음 활동인 수의 크기를 비교할 때도 용이하게 할 수 있는 것입니다. 이렇게 이전 활동은 이후 활동의 준비 단계가 되고 이후 활동은 이전 활동에서 학습한 내용을 적용하는 단계로써 하나의 목표 아래 연계되는 내용이라는 의식을 가지면 각각의 활동이 분리되는 느낌이 없었을 것입니다.

그리고 수학 교과이더라도 학생들에게 발표를 시켜보는 일이 매우 중요하다는 것을 알게 되었습니다. 학생들이 수학을 어려워하고 또 쉽게 수학 능력이 향상되지 않는 이유 중 하나가 단순연산으로만 수학 학습에 다가가기 때문일 것입니다. 따라서 단순히 교과서에 계산을 하고 답만 달기보다는 문제에 대한 자신의 생각을 설명해보고 발표해보는 것이 매우 중요하였습니다.

마지막으로 수업을 짜임새 있게 구성하지 못하다 보니 학생 간의 개인차를 고려하지 못하였습니다. 수학 교과에서는 학생들의 입장에서 늘 생각하여야 할 것이 수준별 학습입니다. 다른 교과도 그렇지만 특히 수학과에서는 이 부분에 대한 지도계획이 명확히 수립되어야 학생들에게 가치 있는 수업 시간이 됨을 알게 되었고, 수준별 지도가 제대로 이루어질 때 잘하는 학생들은 보다 많은 것을 배우고 부족한 학생들은 다음 수업 시간을 위한 발판을 마련할 수 있음을 알게 되었습니다.

4

지시 전에 하는 일은 무엇이며,
지시한 뒤에는 확인을 하는가?

교사가 수업 시간에 하는 설명, 안내, 예시, 시범은
학생이 자신의 과업을 제대로 수행하도록 돕는 과정이다.
이러한 과정이 있은 뒤에 비로소 교사는 학생들에게
과업을 수행하도록 지시를 해야 된다.

수업은 교사의 지도와 학생의 수행으로 이루어진다. 교사의 지도에 포함되는 것은 설명, 안내, 예시, 시범, 지시 등이라고 본다. 이 가운데 지시는 지도 속에 포함되는 것이지만 대단히 중요한 의미와 무게를 갖고 있는데, 그것은 교사에 따라 사뭇 다른 양상을 띠게 된다. 어떤 교사는 설명, 안내, 예시, 시범 등을 충분히 한 뒤에 지시를 하지만 어떤 교사는 설명, 안내, 예시, 시범이 전혀 안 된 채 지시만 하는 경우가 있다.

교사가 수업 시간에 하는 설명, 안내, 예시, 시범은 학생이 자신의 과업을 제대로 수행하도록 돕는 과정이다. 이러한 과정이 있은 뒤에 비로소 교사는 학생들에게 과업을 수행하도록 지시를 해야 된다.

그러면 설명, 안내, 예시, 시범은 대개 언제 하는가?

설명은 언제 하는가?

수업 시간에 교사의 설명을 필요로 하는 부분은 각 교과마다 무수히 많다. 국어과는 특히 글을 요약하는 방법, 글의 주제를 찾는 방법, 글을 고쳐 쓰는 방법 등 수없이 많은 부분에서 교사의 설명이 필요하다. 수학과의 원리를 지도할 때, 사회과의 탐구 기능을 지도할 때, 과학과의 실험 방법을 알게 할 때, 음악과의 악전을 지도할 때나 리코더, 단소 등의 연주 방법을 지도할 때, 체육과의 기능에 대한 지도를 할 때 등에서도 교사의 자세한 설명이 필요하다.

안내는 언제 하는가?

안내를 하는 때는 동영상을 같이 볼 때, 다음 차시를 위한 과제를 제시할 때 등인데 이때 구체적인 안내가 이루어져야 된다.

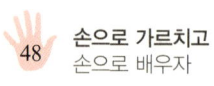

동영상을 무턱대고 보여주기보다는 지금부터 볼 동영상의 내용은 무엇이고, 학생들이 중요하게 보아야 될 부분이 어느 부분인지 먼저 관점에 대한 안내가 이루어져야 시간을 낭비하지 않는다. 모든 것은 시간 싸움이다. 완전 학습 이론은 무엇인가? 시간만 주어지면 누구라도 어떤 내용이라도 수행해 낸다는 것 아닌가. 그런데 어떻게 교실에서 모든 학생들이 완전 학습을 할 때까지 시간을 줄 수 있는가. 특히 학교 공부는 정해진 시간 안에 단위 수업 시간의 목표 도달도를 최대화해야 된다. 즉 주어진 시간 안에 밀도 높은 수업을 전개해야 목표 도달도가 최대화된다는 말이다.

과제를 줄 때도 자세한 안내가 필요하다. 특히 사회과처럼 수업 시간에 활용해야 되는 과제라면 학생들이 꼭 수행을 해야 되기 때문에 반드시 구체적인 안내가 필요한 것이다.

예시는 언제 하는가?

예시는 설명을 하면서 설명하는 내용을 알기 쉽게 지도하려고 할 때 반드시 필요하다. 국어과에서 비유법을 설명할 때 이론적으로만 설명을 하면 학생들이 알겠는가? 예를 보여주며 설명해야 된다. 일기 쓰기를 지도할 때도 같은 주제로 썼을 경우 각기 다른 능력을 보일 것이므로 잘 쓴 학생 것을 예로 보여 주면 훨씬 효과가 있다.

시범은 언제 보이는가?

시범은 국어과에서 글씨를 교과서체로 쓰게 할 때, 시를 지을 때, 글을 요약할 때, 문학 작품의 갈래를 바꾸어 쓸 때, 개요 짜기를 할 때 등이다. 이런 경우 교사가 이론적으로 설명만 해도 알아듣는 학생들이 있지만, 많은 학생들은 교사가 직접 시범을 보이면서 설명을 해야만 이해를 하는 경우가 많다. 즉 교사가 시범을 보여주면 곧 알아들을 일을 교사가 시범을 보이지 않고 계속 '잘해 보라.'라고 입으로만 하면 학생들은 어찌할 바를 모르는 경우가 많다는 뜻이다.

수학과에서도 구체물을 활용할 때 교사가 직접 활용해 보여야 되고, 계산 과정도 교사가 칠판에 직접 써 가며 푸는 과정을 시범적으로 보이면서 가르쳐야 되고, 사회과나 과학과 등에서 일반화 지식을 끌어낼 때 학생들이 어려워하면 교사가 직접 문장으로 정리를 해 보여야 되는 것이다. 특히 예체능의 경우에는 교사의 시범이 절실하다. 체육과에서 매트, 철봉 등 기구운동을 할 때, 음악과에서 가창 지도나 악기 지도를 할 때, 미술과에서 그리기나 만들기 등의 지도를 할 때 교사는 적절한 시범을 보일 수 있어야 된다.

안내를 하고 지시를 할 수도 있고, 이론적으로 설명을 한 뒤에 예시를 해 주거나 시범을 보여주고 지시를 할 수도 있을 것이다.

위에서 짚어본 것들은 교사들의 이해를 돕기 위해서 설명, 안내, 예시, 시범의 예를 낱낱이 든 것이다. 하지만 안내, 예시, 시범은 모두 설명의 하위개념이므로 대등한 개념이 아님을 밝혀둔다.

아무튼 학생들에게 설명, 안내, 예시, 시범이 없는 채로, 혹은 시범이 있었어도 제대로 행하지 않은 채로 지시를 하면 학생들은 교사가 요구하는 것을 제대로 수행할 수가 없다.

또한 지시를 한 뒤에는 반드시 확인을 해야 된다. 사실상 제대로 지도 (설명, 안내, 예시, 시범) 절차를 밟고 지시를 한다고 해도 학생들은 많은 오류

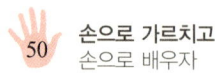

를 범하게 된다. 그러므로 교사는 학생들이 수행을 하도록 지시를 한 뒤에는 반드시 확인을 해야 된다. 즉 학생들이 교사의 지시 내용을 제대로 수행하고 있는지 궤간 순시를 하며 살펴봐야 된다.

살펴보았을 때 절반 이상의 학생들이 제대로 수행을 하지 못한다면 교사의 지시 전의 지도(설명, 안내, 예시, 시범)에 문제가 있다는 뜻이다. 그러므로 이런 경우에는 설명이 제대로 되지 않았는지, 예시나 시범이 초점이 맞지 않았는지(물론 근본적인 원인도 있을 것이다. 즉 학생들의 주의력이나 교사의 발음의 문제 등) 파악하고 학생들에게 활동을 멈추게 한 다음, 다시 지도(적절한 설명, 안내, 예시, 시범)를 하고 재지시를 해야 된다. 재지시 후에도 다시 한 번 살펴보고, 2/3 이상의 학생들이 제대로 수행을 하면 이때 교사는 부진 학생에 대한 개별 지도를 해야 될 것이다.

다음 예를 보자.

5학년 1학기 국어과, 〈말·듣·쓰〉, 7단원 상상의 날개, 시의 일부분 바꾸어 쓰기

145쪽을 보면 144쪽에서 제시한 시(내 가슴에)를 보고 일부분을 바꾸어 쓰게 되어 있다.

앞 차시에서 이미 글감으로 바꾸어 쓰기, 시의 낱말이나 행 혹은 연의 일부분 바꾸어 쓰기, 주인공 바꾸어 쓰기 등을 학습했다.

그래서 145쪽을 지도할 때는 앞 차시에서 배운 방법들을 다시 떠올리게 하고, 그중에서 어떻게 바꾸어 쓸 것인지, 혹은 그 방법들 외에 또 다른 방법으로 바꾸어 쓸 것인지에 대하여 교사-학생 간 상호작용이 필요하다. 그런데 교과서를 보면 '친구들과 이야기하자.'라고 되어 있다. 이 지시에 충실해서 학생들끼리 하도록 놓아두면 잘 되지 않는다. 실제로 수업 참관을 하면서 보았을 때, 교사가 설명을 해도 학생들의 결과물은

앞에서 몇 시간 시 바꾸어 쓰기를 공부한 학생들의 결과물이라고 보기가 어려울 만큼 내용이 부실했다. 왜 그럴까? 앞 차시들에서 글감으로 바꾸어 쓰기, 시의 낱말이나 행 혹은 연의 일부분 바꾸어 쓰기, 주인공 바꾸어 쓰기 등을 학습할 때 충분히 예시를 해 주고, 시범을 보여주면서 지도를 하지 않았기 때문이다.

이처럼 교사의 적절한 지도(설명, 안내, 예시, 시범)가 빠진 채로 지시만 난무하는 수업, 꽤 많이 볼 수 있다. 대강 설명해 주어도 학생들이 알 것이라고 생각하면 큰 오산이다. 교사의 성실한 지도(설명, 안내, 예시, 시범)가 없으면 학생들은 잘 모른다. 교사 스스로 자신의 수업 패턴을 돌아보면 좋겠다. 지도(설명, 안내, 예시, 시범)를 제대로 하고 지시를 하는지, 지시 후에 수행 여부를 반드시 확인하는지, 확인 후에 학생들이 잘못하고 있으면 다시 지도(설명, 안내, 예시, 시범)를 하고 지시하는지, 혹은 대부분의 수업을 지시만 하고 끝내는 편인지.

손으로 가르치고
손으로 배우자

4학년 1학기, 국어과, 2. 회의를 해요, 4/10차시, 교과서 54-57
학습 목표 : 학급 회의를 할 때에 주의할 점을 설명할 수 있다.

▶ 수업 참관 후 칭찬 내용

■ 학습 목표 판서 후 학습활동을 잘 짚어 제시했다.

▶ 수업 참관 후 지도 내용

■ 교과서에서 지시하고 있는 문제 읽기를 소홀히 했다.

교과서 54-55쪽을 보면 상단에서 듣기를 통해서 다음 활동을 하도록 유도하고 있다. 그런데 교사는 수업을 하면서 그 부분을 학생들에게 들려주지도 않고 학생들에게 읽게 하지도 않았다. 즉 교사는 교과서의 내용을 충분히 자세히 읽어보면서 교재 연구를 해야 되는데 그 부분에서 소홀히 했다. 교재 연구를 할 때 듣기 자료를 먼저 들어보지 않았기 때문에 수업 중에도 학생들에게 듣기 자료 들려주는 것을 지나쳐 버린 것이다. 그리고 교과서의 삽화만을 보고 지도했다.

삽화만 보고 하는 것과 듣기 자료를 직접 듣고 학습을 하는 것은 차이가 있으므로 교재 연구 시 놓쳐서는 안 되는 부분이라고 본다.

■ 자세한 설명이 없이 학생들에게 활동을 지시했다.

55쪽의 문제를 해결하기 위해서는 듣기 자료를 다시 들어야 함에도 들을 기회를 주지 않음은 물론이고, 학생들에게 빈칸에 답을 달도록 지시했는데 학생들의 연필이 허공에서 갈팡질팡하는 모습을 보였다. ①, ②, ③ 세 가지의 그림을 보고 '잘못된 점'이나 '바른 태도'를 써 넣어야 되는데 대부분의 학생들은 잘 모르고 있었다.

맨 위의 그림을 실물화상기에 띄우고, 그림을 보면서 잘못된 점이 무엇인지 확인을 시킨 후, 그렇다면 이때 '어떻게 하는 것이 바른 태도일까?' 학생들에게 생각하게 해 주고 나서 교사-학생 간 상호작용을 한 후 정답을 도출해서 교사가 직접 예시 답안을 써 주어야 된다. 그러고 나서 ②, ③번을 학생들에게 각자 해 보도록 지시해야 된다.

그것은 56-57쪽을 할 때도 마찬가지였다. 56쪽의 회의 장면에 대한 충분한 학습이 없이 57쪽을 지시하니까 학생들은 잘 몰랐다. 우선 그림 번호를 써 넣는 일에서부터 틀리는 학생들이 생겼는데, 그림 번호가 틀리면 그다음의 활동인 '잘못된 점'이나 '주의할 점' 찾기를 제대로 못할 것은 자명한 사실이다.

57쪽을 지도할 때에도 56쪽에서 그림을 보며 학생들과 충분히 상호작용을 해야 된다. 그러고 나서 57쪽 상단의 문제에서 순서를 먼저 확정한 뒤에 맨 윗부분의 예시 자료를 보며 그림 ②의 '잘못된 점'은 무엇이고, 따라서 그림 ②에서 '주의할 점'은 무엇인지에 대한 설명이 있은 후에 학생들에게 나머지 ①, ④, ③을 하게 해 줘야 된다.

■ 지도 내용에 대한 시간 배분이 부적절했다.

57쪽 상단이 다 끝나지도 않았는데, 끝 종이 울렸다. 그렇다면 이 시간에 교사는 놀았을까? 아니다. 교사는 교사대로 최선을 다하는 모습이었다. 어떻게? 지시를 한 뒤에 궤간 순시를 하면서 학생들이 활동하는 것을 보았을 때 학생들이 제대로 못하고 있으니까 한 명 한 명 개별지도를 하고 있었던 것이다. 그러다 보니 몇 명에게 설명을 해 주는 동안 나머지 학생들은 무엇을 어떻게 해야 되는지를 잘 모르는 채로 답답한 가운데 아까운 시간이 무의미하게 흘러가고 만 것이다.

교사가 수업 시간에 지시만 하면 안 되는 이유가 여기에 있다. 반드시 방법을 설명을 하거나 예를 들거나 시범을 보이면서 어떻게 하는지 알고 과제를 수행하도록 배려해야 된다. 또한 지시 후에 많은 학생이 모르고 있는 것이

확인이 되면 한 명 한 명을 대상으로 개별지도를 하기보다는 전체 학생을 다시 집중시켜서 재지도(설명, 안내, 예시, 시범)를 하고 다시 지시해야 된다.

지도를 받고 짜임새 있는 수업 구성을 위해 핵심 판서를 잡아가며 교재 연구를 열심히 하였지만 수업의 기술적인 면에서 미흡한 면이 있다 보니 어진히 수입이 매끄럽게 이루어지지 못했습니다.

이번 수업에서 가장 부족했던 점은 교사의 학생에 대한 '지시'와 관련된 부분이었습니다. 먼저 지시를 하기 전에 교사가 반드시 해야 할 지도들이 빠져버린 것입니다. 그것은 활동 전에 학생들에게 방법을 설명하고 안내하는 것이었습니다.

학생들이 주어진 문제를 해결하는 데 어려움을 겪는 원인은 학생들의 능력이 부족해서라기보다 그것을 해결하는 방법을 잘 몰랐기 때문이었습니다. 더불어 문제에 답을 달기 위해서는 듣기 자료를 듣는 활동이 선행되었어야 했는데, 이 활동이 빠진 채로 교사의 설명과 안내마저 없다 보니 학생들은 답을 쓰기가 더욱 어려울 수밖에 없었습니다.

교사가 교재 연구를 꼼꼼히 하지 못하면 학생들에게 꼭 필요한 활동을 간과하고 지나가게 되는 것입니다. 그리고 학생들이 스스로 알아서 잘할 것이라는 생각은 교사만의 착각이라는 것을 깨닫게 되었습니다.

또한 올바른 지시 활동에 대한 개념이 명확하지 않다 보니, 지시를 하고 나서 확인을 하는 부분도 미흡하였습니다. 궤간 순시를 통해 학생들의 수행 정도를 전체적으로 파악한 뒤 대다수의 학생이 어려움을 겪는 경우엔 다시 안내와 설명을 하고 그 후에도 어려움을 겪는 몇몇 학생들만 교사가 개별지도를 하는 것이 효율적이라는 것을 알지 못했던 것입니다. 때문에 활동을 마치는 데 예상한 것보다 오랜 시간을 소요하게 되었고, 이로 인해 나머지 활동을 제대로 마치지 못하였습니다.

탄탄한 수업 구성과 능숙한 수업 기술이 함께 어우러질 때 수업을 완성도 있게 진행하고 마무리할 수 있다는 것을 알게 되었습니다.

5

확인한 뒤에는
피드백을 하는가?

매 차시 성실한 지도가 있어야 된다.
성실한 지도라는 것은 한 차시 안에서도 매 활동마다 피드백이 있어야
한 시간의 수업을 마무리하면서 피드백 시간이 줄어든다는 뜻이다.
그리고 각 차시마다 확인과 그에 따른 피드백이 없이 넘어가면
끝 차시에서는 감당할 수 없는 피드백거리만 남게 되는 것이다.

단위 시간 40분 동안에 지시한 내용을 확인하면서 수업을 했다고 할지라도 학생들의 수행이 완전히 끝난 뒤에는 반드시 최종적인 것을 다시 보고 피드백을 해야 된다.

특히 국어과 쓰기의 경우 이미 앞 차시에서부터 부분별 지도가 제대로 되었다고 해도 끝 차시에서 학생이 써 낸 한 편의 글은 교사가 반드시 읽어보고 피드백을 해야 된다. 그래야만 완성도 높은 글, 초점에 맞는 글이 된다.

예를 들어보자.

4학년 1학기 국어교과서 40쪽을 보면 교재 글 '행복한 비밀 하나'의 줄거리를 정리하게 되어 있다. 글 쓰는 상자에 첫머리 문장과 끝 문장을 제시해 주었으므로 학생들은 그 가운데에 들어갈 내용을 요약해서 써야 된다. 그런데 학생들이 써 놓은 글을 보면 각양각색이다. 다소의 차이는 있을 수 있는데, 각양각색이라는 것은 교사의 지시 전의 활동이 성실하게 지도되지 않았다는 뜻이다.

줄거리를 쓰라고 했는데 대화체의 글을 써가며 글의 내용을 드문드문 써 놓은 학생이 있는가 하면, 글의 앞부분과 가운데 부분까지의 내용만 나오게 쓰고 끝부분은 아예 도외시한 경우도 있다.

그런데 교과서를 보면 앞 차시에서는 인물의 성격을 주로 다루고, 본시에서는 줄거리를 써보라고 지시하고 있는 것이다. 그래서 요약 능력이 없는 학생들은 38쪽의 3번을 보며 성격을 나열해 놓은 것을 줄거리에 쓰려고 하니까 글이 체계 없이 써지는 것이 아닌가 생각한다.

이것은 교과서에 문제가 있다고 생각되는데, 교사가 이런 관점 없이 앞 차시와 연관 여부를 고려하지 않고 줄거리를 써보라고 지시하는 것은 학생들에게 무리라고 봐진다. 그래서 교사는 쉬운 동화를 준비해서 줄거

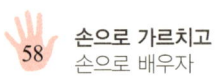

리 쓰기에 대해서 다시 한 번 설명을 하고 40쪽의 줄거리 쓰기를 완성하게 해 줘야 된다.

그런데 이런 설명도 없이 잘 써 보라고 지시만 하면 학생들의 글이 각양각색이 되는 것이다.

설명을 충분히 해 줘도 학생들의 글을 확인해 보면 피드백해 줘야 될 부분이 많이 드러난다. 그런데 설명 없이 쓰게 하면 그렇게 도출된 글들은 어디를 어떻게 손대며 피드백해 줄 것인가.

또 다른 예를 보자.

5학년 1학기 국어교과서(듣·말·쓰) 33쪽을 보면 32쪽의 자료와 붙임딱지를 이용해서 '기사문을 작성해 보기'가 있다. 그런데 학생들의 작품을 보면 초대하는 글을 써 놓기도 한다. 앞 차시에서 기사문에 대한 충실한 지도가 있어야만 이런 오류를 범하지 않는다. 충실한 지도가 있었어도 기사문이라고 써 놓은 것을 보면 피드백할 부분이 많이 있는데, 하물며 초대하는 글을 써 놓으면 어디를 어떻게 어떤 시간에 다시 피드백할 것인가. 기사문을 쓰라고 했는데 왜 학생은 초대하는 글을 써 놓았을까? 학생은 기사문 대신 초대하는 글을 써놓았는데 그 뒤 교사의 어떠한 피드백도 없이 학생은 다음 단원을 공부하고 있는 것이다. 학생에게 잘못이 있는가? 생각해 볼 일이다. 그래서 매 차시 성실한 지도가 있어야 된다. 성실한 지도라는 것은 한 차시 안에서도 매 활동마다 피드백이 있어야 한 시간의 수업을 마무리하면서 피드백 시간이 줄어든다는 뜻이다. 그리고 각 차시마다 확인과 그에 따른 피드백이 없이 넘어가면 끝 차시에서는 감당할 수 없는 피드백거리만 남게 되는 것이다.

즉 기사문에 대해서 여러 차시 지도를 하고 끝 차시에 완결된 한 편의 기사문을 쓰게 되어 있는데, 기사문 대신 초대하는 글을 써 놓은 학생은 단원 내내 교사의 확인과 피드백을 받지 못했다는 결론에 이르는 것이다.

또 다른 예를 보자.

6학년 1학기 국어교과서(듣·말·쓰) 42-43쪽은 '정보를 분류하여 요약하는 글'을 쓰게 되어 있다. 이 역시 앞 차시에서 개요 짜기를 할 때부터 교사의 피드백이 없으면 글이 그야말로 삼천포로 빠져서 한 편의 글을 다 써버린 뒤에는 피드백해 주기가 어려워지고 만다.

'동물들의 서식지'라는 제목을 붙여놓고 정작 글에서는 동물의 다리가 몇 개인지 나열해 놓거나, 새들은 하늘에서 산다거나 등의 논리성 없는 글을 쓰는 경우가 있다. 두 쪽을 빼곡히 채워서 일견 그럴듯해 보이는 글이지만 제대로 '정보를 분류해서 요약한 글'이라고 볼 수가 없는 것이다. 이렇게 이미 길게 다 써 버린 뒤에는 피드백을 할 수도 없어 맞춤법 몇 개 고쳐주고 끝이 나기도 한다. 이것도 학생의 잘못은 아니다.

4, 5, 6학년의 글은 길게 써 놓으면 잘 쓴 것 같고, 일견 매끄러운 것 같아도 주어진 초점에 맞지 않으면 단적으로 바른 글이 아니다. 그러므로 단원의 끝 차시에서 긴 글을 쓸 때는 반드시 개요를 짜게 하고, 개요 짜기 한 내용을 학생과 교사가 같이 따져봐야 된다. 요구하는 글의 초점에 맞게 짜졌는지를.

그런데 학생들은 개요 짜기를 어려워한다. 그래서 귀찮아하며 바로 글쓰기에 돌입하려고 한다. 이럴 때는 시간이 얼마가 걸리더라도 어디가 어떻게 잘못되었는지를 조목조목 짚어서 설명해 주고 다시 개요 짜기를 해서 교사에게 확인 받은 뒤에 쓰게 해야 된다. 이런 식으로 몇 번 개요 짜기를 피드백해 주면 학생들은 개요 짜기가 귀찮은 것이 아니고, 결과적으로 실수를 줄이고, 시간도 절약하는 일임을 알게 되는 것이다.

즉 개요 짜기는 그것이 짧은 글이든 긴 글이든 초점에 맞게 정확하게

글을 써 가는 훈련의 과정이므로 다인수 학급의 경우 시간이 꽤 걸리는 일이지만 반드시 교사 학생 모두 습관들여야 될 일이다.

이러한 과정이 습관이 되면 학생들은 초점에 맞는 글을 쓰는 것의 중요성을 깨닫고 글을 쓸 때부터 초점에 맞는 글을 쓰려 노력하고, 다 쓴 뒤에 스스로 피드백하는 눈도 갖게 될 것이며, 교사 역시 피드백하는 데 시간이 많이 소요되지 않을 것이다. 다시 말하지만, 해당 과정에서 지도해야 될 것들이 생략이 되면 피드백 양이 많아지고, 양이 많아지면 피드백을 제대로 못한다는 것을 깨달으면 좋겠다.

또 학생들이 글을 쓰기 전에 평가 관점을 미리 안내해 주는 것도 피드백을 용이하게 하는 한 방법일 것이다. 평가 관점을 제시하는 예를 보자.

1. '에너지(물자) 절약'에 대하여 내 의견이 잘 드러나게 글을 쓰려고 합니다. 쓸 내용을 정리하여 봅시다.(아래의 평가 관점을 먼저 읽어봅시다.)

처음	
가운데 (문제점과 그 해결 방법)	
끝	

2. 1번에서 정리한 내용을 바탕으로 적절한 예를 들어 가며 글을 써 봅시다.

제목 :

〈평가 관점〉

순	평가 관점	점수 구분				
		상	중상	중	중하	하
1	개요 짜기는 핵심만 잘 드러내어 했는가?	20	18	15	13	10
2	가운데 부분의 문제점에 대한 예는 적절하며 그 해결 방법은 타당한가?	20	18	15	13	10
3	글의 처음과 끝이 가운데 부분과 어울리며 자연스러운가?	20	18	15	13	10
4	문단을 구분하여 글을 썼는가?	15	13	10	8	6
5	글씨를 교과서체로 썼는가?	15	13	10	8	6
6	맞춤법은 정확한 편인가?	10	8	6	5	4
점수 계						

피드백의 중요성은 아무리 강조해도 지나치지 않는다. 위에서 국어과의 쓰기를 예로 들었는데, 사실 1학년 때부터 쓰는 글마다 피드백이 제대로 이루어진다면 6학년을 졸업할 때쯤이면 상당한 수준의 글쓰기 능력을 갖게 될 것이다. 하지만 현실적으로 이것이 잘 되지 않고 있기 때문에 6학년이 되어도 글쓰기 수준은 늘 제자리걸음을 면하지 못하고 있는 실정이다.

이 장에서 국어과를 중점적으로 예를 든 데는 이유가 있다. 교사들이 수학과를 가르칠 때는 지시에 대한 수행 여부를 거의 잘 확인하는 편이다. 그래서 담임 반 학생 개개인이 사칙연산에서 무엇이 잘 안 되는지 한 명 한 명 정확하게 알고 있는 편인데, 국어과는 다소 소홀한 경향이 있기 때문이다.

그리고 한 가지 노파심에서 덧붙이고자 한다.

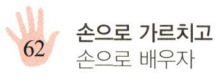

국어 교과서에서 간혹 글을 다 쓴 뒤에 친구들과 바꾸어 읽어 보고 뒷면에 잘 된 점을 적어 격려해 주자고 되어 있는 경우가 있다. 이때, 학생들이 글을 쓰기 전에 미리 평가 기준을 제시해 주는 것이 좋겠다. 그러면 자신의 글을 쓸 때부터 평가 기준에 맞추어 좀 더 수준 있는 글을 쓰게 되고, 친구의 글을 평가할 때도 기준에 의거해서 쉽게 평가를 하게 되므로 이중의 효과를 볼 수 있을 것이다. 학생들이 상호 평가를 할 때 아무런 기준이 없이 평가를 하게 하면, 자신의 글을 쓸 때도 친구의 글을 평가할 때도 효과가 적다. 그리고 학생들끼리 평가 기준을 가지고 평가를 했다고 할지라도 반드시 교사가 최종 피드백을 해 주어야 된다.

6

교재 연구는
어떻게 하는가?

한 시간의 수업이 끝나고 교사 스스로 교실 뒤쪽으로 가서
자신이 방금 수업한 칠판을 바라보기를 권해 본다.
①학습 목표, ②학습 활동, ③핵심 판서가 논리성이 있는가?
학생들의 눈높이에 맞게 쉽고, 정선되어 있는가?

본 교에서는 금년(2014학년도)에도 2월 19일에 전교직원을 대상으로 학교장의 '학교경영설명회'를 가졌다. 내용은 학교장의 교육철학, 교육목표, 경영 방침, 역점 교육, 교직원 공히 수행해야 될 내용, 교사들만의 수행 내용 등으로 나누어서 1시간 정도 설명을 해 드렸다.

3월 3일 개학까지는 10여 일 정도가 남은 상황에서 학년 배정이 끝난 상태이므로 '학교경영설명회'를 마치고 선생님들께 각 학년 지도서를 배부해 드렸다. 지도서를 활용해서 각 학년에서 가르쳐야 될 교과의 총론, 교과 교육과정 목표, 교과서 활용 방법, 교과서 일독, 1단원 교재 연구 등을 하시도록 했다.

그러면 매 차시 교재 연구는 어떻게 하는 것이 효과적일까?

요즈음은 교사들이 거의 판서 없이 수업을 하는 경향이 있다. 아이스크림 등의 교사를 위한 보조 프로그램을 주로 활용하며 TV를 많이 보여주는 수업, 또 앞에서 말했던 대로 손을 쓰지 않고 거의 입으로만 하고 지나가는 수업이 이루어질 때는 사실 칠판에 거의 판서할 일이 없기 때문이다.

그런데 이렇게 수업을 하면 학생들이 이해하기도, 기억하기도 어렵다. 그래서 본 교에서는 판서의 중요성을 교사들에게 말씀 드리고 있다. 그러면 무엇을 판서하나? 핵심적인 내용을 판서하도록 지도하고 있다. 즉 교재 연구를 할 때 지도서를 그냥 읽기만 하면 실제로 지도를 할 때 판서 내용이 체계가 없다. 그래서 지도서를 읽을 때 A4 용지를 준비해서 판서할 내용을 추출해 보게 권장하고 있다. 핵심 판서 내용을 추출하는 일, 그것이 바로 교재 연구의 핵심이 되는 것이다.

그러면 핵심 판서 내용은 어떤 방법으로 추출할까?

먼저 학습 목표를 제대로 설정해야 되고, 다음으로 이 목표 도달을 위

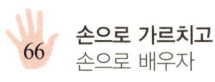

한 학습활동을 선정하는 일이 선행되어야 한다. 그리고 각 학습활동에서 중요한 내용이 핵심 판서가 될 것이다.

교사가 수업을 다 한 뒤에 칠판에 판서가 되어 있는 것은 ①학습 목표 ②학습활동 ③핵심적인 판서이다. 이 세 가지가 논리적이어야 된다. 즉 ①에 도달하기 위해서 ②를 선정해서 가르치면서 그 뼈대를 추려 써 놓은 것이 ③에 일목요연하게 드러나야 한 시간의 수업이 완성되는 것이다.

한 시간의 수업이 끝나고 교사 스스로 교실 뒤쪽으로 가서 자신이 방금 수업한 칠판을 바라보기를 권해 본다. ①, ②, ③이 논리성이 있는가? 학생들의 눈높이에 맞게 쉽고, 정선되어 있는가? 스스로 가늠해 볼 일이다.

사실 학습 목표는 대부분 교과서나 지도서를 보면 쉽게 알 수 있지만 학습활동을 선정하는 일은 연구가 필요하다. 국어과 읽기 수업, 사회과 수업 등은 학습활동을 제대로 선정하려면 학습 목표를 꿰뚫는 안목이 있어야만 가능하다. 매 단위 수업 시간마다 교사 스스로의 천착에 의해서만 그 안목에 힘이 생길 것이라고 본다.

예를 들어보자.

5학년 1학기 사회교과서 74-76쪽의 수업을 하며 교사는 다음과 같이 칠판에 정리하였다.

① 학습 목표 : 불교가 고려 시대에 미친 영향을 설명할 수 있다.

② 학습활동 : 1. 고려 시대의 불교

　　　　　　　　2. 고려 시대의 절

③ 판서 내용

1. 고려 시대의 불교
   - 국가의 지원
   - 많은 절, 많은 혜택
   - 마음을 모음
   - 큰 불상

2. 고려 시대의 절
   - 경제 : 시장의 역할
          은행의 역할
          숙박 시설
             ⇒ 노비, 땅(장생표)
   - 승과
   - 팔관회, 연등회
     ⇒ 고려 시대의 불교는 백성들의 마음을 하나로 모으고 경제, 사회, 문화, 정
        치 전반에 있어 많은 영향을 끼쳤다.

교사는 이 수업을 하면서 일반화 지식을 끌어낼 때 몹시 당황하는 모습을 보였다. 일반화 지식은 학습 목표에 비추어 보면 그럴싸하다. 교사는 이런 일반화 지식을 염두에 두고 학생들에게 일반화 문장을 유도했지만 학생들의 입에서는 이런 비슷한 말이 결코 나오질 않았다. 그러자 교사가 위의 일반화 문장을 쓰기 시작했다. 쓰면서 교사 자신이 생각할 때 수업 중에 다루어지지 않은 것을 쓰려니까 어색해서 몸 둘 바를 몰랐던 것이다.

그러면 어디에서 잘못된 것일까? 학습활동을 선정할 때 이미 학습 목표와는 거리가 생긴 것이다. 학습 목표는 '불교가 고려 시대에 미친 영향을 설명할 수 있다.'인데 학습활동을 '고려 시대의 불교'와 '고려 시대의 절'로 잡으면 될까?

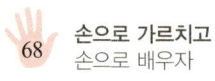

이럴 때는 뒤에서부터 거꾸로 생각해 보면 좋겠다. '불교의 영향'을 어떠어떠한 영역으로 한정하여 가르칠 것인가? 교과서를 보면 건축, 예술, 음식, 경제, 기타로 한정되어 있음을 알 수 있다. 그러므로 학습활동을 1. '고려 시대의 건축과 예술', 2. 고려 시대의 음식과 경제', 3. '기타'로 잡아 보면 어떨까.

이렇게 하면 다음과 같은 판서가 나올 수 있겠다.

① 학습 목표 : 불교가 고려 시대에 미친 영향을 설명할 수 있다.

② 학습활동 : 1. 고려 시대의 건축과 예술

　　　　　　　 2. 고려 시대의 음식과 경제

　　　　　　　 3. 기타

③ 판서 내용

불교가 고려 시대에 미친 영향

1. 건축 : 고려만의 독특한 절 – 부석사, 관촉사 등
　　　　　 석탑 – 익산 왕궁리 오층석탑 등

2. 예술 : 수월관음도, 팔만대장경,
　　　　　 관촉사 석조미륵보살 입상,
　　　　　 파주 용미리 마애이불입상 등

3. 음식 : 불교의 가르침으로 주로 채식을 하며
　　　　　 사찰 음식 발달

4. 경제 : 절과 관련된 물건 장사,
　　　　　 토지 대여, 숙박 시설 운영

5. 기타 : 많은 재산 보호를 위한 장생표 설치
　　　　　 노비 고문서
　　　　　 승과시험

불교는 고려에 건축, 예술, 음식, 경제, 기타 일상생활에 많은 영향을 미쳤다.

이렇게 하면 ①학습 목표, ②학습활동, ③핵심적인 판서가 선명해진다. 위와 같은 판서가 나오면 학생들은 판서 내용을 보며 쉽게 일반화 지식을 정리할 수 있다.

그래서 예습 과제를 줄 때부터 교사의 치밀한 교재 연구에 의거한 과제가 제시되어야 한다. 이 수업을 참관하며 학생들의 예습 과제 학습지를 보았을 때, 보조프로그램에서 제공하는 내용을 그대로 뽑아서 주었는데, 그 내용은 몇 가지 문제에 대해 단답형으로 답을 달아 오는 문제였다.

이 수업을 위해서는 '고려 시대의 건축, 예술, 음식, 경제, 기타에 대해 교과서나 인터넷을 통해 조사해 오기'를 예습 과제로 부여해야 될 것이다. 수업 시간에는 조사해 온 것을 바탕으로 모둠끼리 토의하고 발표시킨 후, 교사가 더 준비해 온 내용으로 보충하고 일반화 지식을 끌어내게 했다면 학생과 교사 모두 쉬웠을 것이다.

교사가 교재 연구를 대충 하면 엉뚱한 방향으로 수업이 흘러간다. 수업이 엉뚱한 방향으로 흘러가는 것을 학생들은 초등학생이라 잘 모를까? 알고도 그냥 가만히 있는 것일까?

수업 한 차시 분량이 적게는 2쪽, 많으면 6쪽 이상이 되는 경우도 있는데 이렇게 교과서에 널브러져 있는 내용들의 핵심을 벼릿줄로 잡아 올리는 것, 이것이 바로 핵심 판서를 정확하게 정리하는 일이고, 이것이 바로 교재 연구의 핵심이라고 하겠다.

정리해 보면 교재 연구는 눈으로만 교과서나 지도서를 볼 것이 아니라, ①학습 목표, ②학습활동, ③핵심적인 판서가 논리성이 있도록 미리 손으로 직접 써 보기를 권장한다.

2014. 4. 2. 2교시. 네 번째 수업 참관

4학년 1학기, 사회과, 1. 촌락의 형성과 주민 생활, 15/16차시, 교과서 56~59
학습 목표 : 촌락과 도시 사람들이 주고받는 도움에 대해 설명할 수 있다.

▶ 수업 참관 후 칭찬 내용

- 교재 연구를 A4 용지 한 장에 나름대로 정리했다.
- 판서를 잘하기 위해 핵심 내용을 정선해보려는 노력을 했다.

▶ 수업 참관 후 지도 내용

- 본시 목표를 도출하기까지 발표다운 발표를 시키지 않았다.

  학생들에게 생각할 시간을 주지 않고 교사의 발문이 이어지니, 앞서가는 학생들이 앉은 채로 산발적으로 답하고 교사가 거기에 이어서 다시 묻고 또 학생들이 중구난방으로 대답하는 식으로 도입 부분이 끝났다.

  발문을 할 때는 반드시 생각해 보게 해줘야 된다. 학생들은 각자 개인차가 있어서 좀 늦게 생각이 구체화되기도 하는데 교사가 바로 물어보면 좀 늦는 학생들은 답할 기회를 포착하지 못하게 되고 구경꾼으로 남게 된다.

- 학습활동 내용이 다소 추상적이다.

활동 1. 서로 돕는 방법 알기	⇨	활동 1. 촌락이 도시에 주는 도움
활동 2. 도시가 주는 도움 알기		활동 2. 도시가 촌락에 주는 도움
		활동 3. 촌락의 문제점과 해결 방법

  왼쪽의 활동을 오른쪽처럼 써 보면 학생들이 활동거리를 선명하게 알 수 있다.

■ 판서 내용이 4학년 수준에 맞게 구체화되지 못했다.

촌락과 도시가 주고받는 도움

	촌락	도시
직거래 장터	높은 소득	품질 좋은 농수산물 싸게 구매
주말농장	농사를 직접 짓지 않고도 소득을 얻음	먹을거리를 얻고 자연을 체험함
지역 축제	소득 올리기	다양한 체험

⇩

1. 촌락이 도시에 주는 도움
   농수산물 직거래 장터 → 농수산물 싸게 사기
   주말농장 → 자연 체험
   지역 축제 → 다양한 촌락 체험

2. 도시가 촌락에 주는 도움
   병원 → 무료 진료
   일손 돕기 봉사 활동
   다양한 문화 공연 제공

3. 촌락의 문제점과 해결 방법

※ 이 부분은 교과서 59쪽을 학생들과 같이 해결한 뒤에 학생들이 각자 정리할 수 있도록 안내한다.

> 촌락과 도시는 서로 도움을 주고받으며 더불어 함께 살아가기 위해 노력하고 있다.

윗부분의 판서 내용을 아랫부분처럼 바꿔 보면 '학습 목표'와 '학습활동'과 '핵심 판서'가 일관성이 있을 것이다.

손으로 가르치고
손으로 배우자

교재 연구를 할 때 가장 중요한 것은 핵심 판서를 잡는 일이라는 것을 알게 된 후 나름대로 구조적인 판서를 하기 위해 노력을 기울였습니다. 하지만 아직 수업 구성에 대한 혜안이 부족하다 보니 효율적인 판서 내용을 잡질 못하였습니다. 핵심 판서의 내용이 미흡했던 가장 큰 원인은 바로 학생의 입장에서 생각하지 못했던 탓이 컸다고 생각합니다. 학생의 눈높이에서 이해하기 쉽게 판서의 내용을 정선해야 한다는 의식이 없었던 것입니다.

이로 인해 교과서에 제시된 활동을 단순히 나열하는 데 그치고 말았습니다. 교과서에 제시된 내용을 있는 그대로 받아들이기보다 그것을 자세히 분석하여 학습 목표에 따라 적절하게 활동을 추출했어야 하는 것입니다. 이를 위해서는 끊임없이 학습 목표에 따라 교재를 분석하고 구조적으로 판서 내용을 잡아보는 연습이 필요함을 느꼈습니다.

또한 판서의 수준도 4학년에게 맞지 않게 구체화되지 못하였습니다. 이에 대한 원인은 학습활동이 적절하게 제시되지 못한 데에 있었습니다. 학습활동이 적절히 추출되지 못하다 보니 자연스레 판서의 내용도 구체화되지 못한 것입니다. 판서의 내용을 잡는 일은 먼저 적절한 학습활동이 선정되면 한결 수월해진다는 것을 알게 되었습니다. 각각의 활동에서 중요한 내용이 핵심 판서에 고스란히 드러나면 되기 때문입니다.

지난 수업 지도를 통해 수업 구성 능력과 기본적인 수업 기술 모두가 두루 갖추어질 때 완성도 높은 수업이 된다는 것을 알았습니다. 이번 수업에서도 기본적인 수업 기술 면에서 부족한 점이 많이 있었습니다. 발문을 하기 전 학생들에게 생각할 시간을 충분히 주지 않은 것입니다. 교사가 충실히 교재 연구를 한 뒤에 교단에 설 때 자신 있게 수업을 진행할 수 있는 것처럼 학생들에게도 자신의 생각을 정리할 기회를 준 뒤 발문을 해야 학생들이 자신 있게 답변할 수 있다는 것을 알게 되었습니다. 또한 교사가 단순히 학생들의 생각을 듣기만 하기보다는 토의 시간을 수시로 제공하여 학생 간의 '생각나누기' 기회도 많이 만들어 주어야 되고, 교사 또한 끊임없이 공부하여 학생들의 생각을 다듬어 주어야 된다는 것도 알게 되었습니다.

7

심화 · 보충 지도는
어떻게 하는가?

우수한 학생들은 우수한 대로 더욱 심화해 줄 필요가 있으므로
원리나 과정에 대한 설명을 완벽하게 할 수 있는 기회를 주어야 된다.
교사가 계속 우수아를 도외시하고 중간 학생들이나 부진 학생들만
지도를 하면 우수한 학생들은 그 수준에서 머물게 된다.

교실에서 교사를 바라보고 있는 학생들의 학습 능력은 다 다르다. 그 학습 능력에는 학습 의욕, 학습 태도, 수행 능력이 포함된다.

수행 능력은 있지만 학습 의욕이 없어서 학습 태도가 불량한 경우도 있고, 학습 의욕은 있지만 수행 능력이 받쳐주지 않아서 학습 태도가 불량한 경우도 있다.

전자는 우수한 학생이고, 후자는 부진한 학생이다. 여기에서 다루려고 하는 부진 학생의 경우는 기본학습 부진아에 한정하고자 한다.

그러면 전자는 어떻게 설명할 수 있는가?

수행 능력은 있지만 학습 의욕이 없어서 학습 태도가 불량하다는 것은 얼른 보면 다소 모순되는 논리처럼 보인다. 그런데 이런 경우이다.

철수는 선행 학습이 되어서 2위수×2위수를 이미 할 수 있다. 그래서 수업이 시작되자마자 교과서의 문제를 눈으로 보면서 빈칸마다 답을 다 달아 버렸다. 그런데 철수는 이미 다 아는 것을 선생님께서 칠판에 써 가며 열심히 지도하신다. 철수가 학습 의욕이 생길까? 안 생긴다. 그래서 옆자리 친구와 이야기를 하거나 몸을 비틀거나 지우개나 연필을 튕겨보기도 한다. 즉 지금 선생님이 설명하는 것에 대해서는 아무런 의욕을 느끼지 못한다는 말이다. 그러니 학습 태도가 불량할 수밖에 없는 것이다.

그러면 이런 학생은 어떻게 교사의 수업 속으로 끌어들일까? 단순한 연산이 아닌 원리나 과정을 이 학생에게 설명하게 해 보면 어떨까? 설명을 잘하면 교사는 이 학생을 보조 교사로 활용할 수 있다. 만일에 설명을 잘 못하면 학생 자신이 교만했음을 알게 해 줘야 된다. 자신이 알고 있는 것이 불확실하다는 것을 깨닫게 해 줌으로써 학생을 자연스럽게 수업 속으로 흡수시킬 수 있다.

즉 우수한 학생들은 우수한 대로 더욱 심화해 줄 필요가 있으므로 원

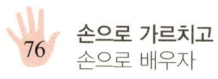

리나 과정에 대한 설명을 완벽하게 할 수 있는 기회를 주어야 된다. 교사가 계속 우수아를 도외시하고 중간 학생들이나 부진 학생들만 지도를 하면 우수한 학생들은 그 수준에서 머물게 될 것이고, 교사의 수업에 배타적으로 참여할 것이며 그런 태도가 습관적으로 굳어질 염려가 있기 때문이다.

수업을 하다 보면 특히 수학과 같은 경우에는 40분을 다 써서 지도해도 모르는 학생들이 있고, 20분 정도만 설명을 해도 충분히 이해하는 학생들이 있다. 따라서 20분 내지 30분 정도에 다 이해한 학생들은 자신의 학습 결과를 스스로 확인해 볼 수 있는 학습지(익힘 책 활용 등)를 풀게 해서 다소 어려운 문제에도 접근해 볼 수 있는 기회를 주어야 된다. 20-30분이면 다 이해하는 학생들까지 40분 동안 계속 지루한 설명을 듣게 하는 수업은 수준별 수업을 하고 있다고 볼 수 없다.

아울러 다인수 학급에서는 수업을 하면서 우수한 학생들에게 먼저 설명을 할 수 있도록 지도를 한 다음, 모둠을 만들어 주어서 친구들에게 설명해 보게 한다. 그러면 수업 시간도 확보되고, 우수아들도 자부심과 긍지를 갖고 학습에 적극적으로 참여할 것이다.

다음으로 후자의 경우 즉, 학습 의욕은 있지만 수행 능력이 받쳐주지 않아서 학습 태도가 불량한 경우에는 교사가 어떻게든 시간을 확보해서 지도를 해야 될 것이고, 앞서가는 학생을 짝으로 맺어서 보조 교사의 역할을 하게 해 보면 부진한 학생은 부진을 벗어나고, 우수한 학생은 친구에게 설명하며 알게 해 주는 동안에 훨씬 심화된 학습력을 지니게 될 것이다.

국어과의 경우에는 특히 글쓰기나 읽기에서 부진아와 우수아의 차이가 훨씬 심하다. 국어과의 보충 지도는 학생을 활용하기는 다소 조심스럽다. 우수하다고 해도 글에 대한 해석이나 산출물들이 경우가 다 달라서 (수학처럼 답이 딱 떨어지지 않아서) 일률적인 지도가 어려운데, 이는 국어과 읽기의 경우에는 학생들의 생각을 꺼내는 일을 일일이 말로 하게 해야 되고, 쓰기의 경우에도 일일이 교사의 첨삭 지도가 필요하기 때문이다.

국어과의 경우에는 다음과 같은 방법을 활용해 보자. 교재 글로 주어진 글을 읽고 교과서에 제시된 몇 가지 내용 파악을 하는 문항이 있는 경우, 교사가 반드시 확인을 하고 ○표나 / 표시를 해주어보자. / 표시를 받은 경우에는 글을 다시 읽게 하고 수정해 온 답이 맞은 경우에는 이미 받은 / 표시에 △표시를 해 주면 된다. 그래도 답이 틀린 경우에는 다시 읽어보고 답을 수정하게 해 주어야 된다. 이런 과정이 몇 번이라도 반복되어야 학생들이 글을 정독하는 습관을 갖게 된다. 그런데 진도 나가기에 바쁘다 보면, 전체적으로 대답하게 하고 개별적으로 아무런 확인 없이 수업이 진행된다. 국어과 수업이 이런 식으로 매번 흐르다 보면 학생들의 독해력은 확인되지 않은 상태에서 신장이 되지 않고 제자리에 머물러 있게 되는 것이다.

쓰기의 경우에는 편지 쓰기라든가, 제안하는 글쓰기라든가, 줄거리 쓰기 등을 하게 할 때, 같은 내용을 주면 교사의 힘이 덜 들고 지도가 용이하다. 편지 쓰기의 경우에는 우리 반에서 공개수업을 할 때 와 주신 부모님께 감사 편지를 쓰게 한다거나, 제안하는 글의 경우에도 같은 문제점을 주어보고, 줄거리의 경우는 교재 글을 활용해서 쓰게 한 뒤, 우수한 내용을 실물화상기로 보여주고 자신의 글과 어떤 점이 다른지를 비교해서 발표해 보게 하는 것이다. 그리고 나서 자신의 글을 다시 수정해 보게 하면 된다.

국어과 쓰기 같은 경우는 교과 시간만 가지고 성취 기준에 도달하기는

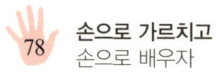

어렵다. 그래서 일기를 꾸준히 쓰게 하고, 독서 감상문 쓰기도 꾸준히 지도해야만 글쓰기에 자신감을 갖게 되고 성장도 있다. 일기도 의도적으로 같은 주제를 준 뒤 다른 사람의 일기와 비교해 볼 기회를 주고, 독서 감상문도 같은 책을 읽은 뒤에 쓴 것을 다른 사람과 비교해 볼 기회를 줌으로써 자연스럽게 터득할 수 있도록 해야 한다. 물론 어느 경우에나 교사의 쓰기 방법에 대한 지도가 선행되어야 되는 것은 물론이다. 위에서 몇 가지 방법을 안내했지만, 국어과의 심화·보충 지도는 어떠한 방법으로든 담임교사의 손길만큼만 성장이 있다고 본다. 우수한 학생은 우수한 대로 교사의 첨삭지도만큼 더 성장하게 되고, 부진아 역시 담임교사의 손길만큼만 성장하게 된다.

2014. 4. 17. 2교시. 다섯 번째 수업 참관

4학년 1학기, 수학과, 3. 각도와 삼각형, 5/16차시, 교과서 86-87
학습 목표 : 크기가 주어진 각을 그릴 수 있다.

▶ 수업 참관 후 칭찬 내용

- 학습 목표에서 학습활동 도출까지 시간을 절약하며 정선된 모습을 보였다.
- 교사의 설명이 친절해졌다.

▶ 수업 참관 후 지도 내용

- 스토리텔링이 빠졌다.

스토리텔링이 없이도 교과서에 제시된 '생각열기' 문제를 제시하면 될 것 같지만, 스토리텔링은 1차시에서부터 단원에서 배우게 될 내용은 무엇인지, 왜 배우는지를 매시간 자연스럽게 알게 해 줘야 된다. 이 시간에 스토리텔링이 빠지면 다음 시간과 자연스러운 연계가 되지 않아 학생들의 수학적 맥락 이해에 저해가 될 수 있으므로, 매시간 스토리텔링으로 수업을 이끌어야 될 것이다.

■ 각도기를 안 쓰고, 각을 그릴 때 설명이 불분명하였다.

먼저 교실 안에서 직각 찾는 활동이 다양하게 이루어져야 되는데, 이 부분이 빠진 채로 각도기 없이 그리기로 들어가니 학생들의 사고가 확산되지 못했다. 교실 내의 여러 가지 직각에 대하여 찾아보게 했더라면 이 과정에서 학생들의 활동이 훨씬 활발하게 이루어졌을 것이다.

활동 1의 직각을 완성할 때는 꼭짓점의 위치에 따라 각의 방향이 달라진다는 것과 각도기의 밑금을 각의 변에 정확하게 맞추어야 된다는 것을 본 활동에서 반드시 알게 해야 되는데, 이 부분의 설명이 불분명하였다.

■ 활동한 내용을 말로 설명할 기회를 주지 않았다.

수학은 말로 설명할 수 있어야 온전히 아는 것이다. 더욱이 활동 2는 교과서상에서 학생들의 용어로 쉽게 말로 설명해 놓았는데, 교사는 이를 활용하지 않고 각도를 그리는 일에만 집중해서 지도했다. 학생들이 글상자의 글을 읽어보며 방법을 알게 하고, 교사가 그리는 것을 설명해주었더라면 이해가 훨씬 빠르고 깊었을 것이다. 그리고 반드시 말로 설명해 보게 기회를 제공해야 된다.

■ 각도기 눈금 읽는 지도가 철저히 이루어지지 않았다.

마무리 문제에서 125°와 55°의 각을 그릴 때 각도기를 어디에 대고 그려야 할지 학생들이 어려워했다. 3차시에서 각도기 사용하는 학습, 4차시에서 예각, 둔각에 대한 학습이 철저히 이루어지지 않았음을 알 수 있다. 예각

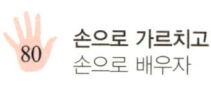

은 90°를 중심으로 90°보다 더 작고, 둔각은 90°보다 더 크다는 것이 지도되고 각도기를 사용하는 것이 지도되었다면 학생들이 그릴 때 직각을 중심으로 더 크게 벌어지거나, 좁게 그려야 함을 개괄적으로 알고 우물쭈물하지 않았을 것이다. 수학과는 특히 앞 차시의 학습이 뒤 차시 학습과 깊이 연계되어 있으므로 확실히 알고 넘어가지 않으면 다음 시간의 학습이 여하히 이루어지지 않는다.

■ 심화 · 보충 학습지도가 이루어지지 않았다.

한 학생은 이미 86–87쪽의 문제를 수업이 시작되자마자 답을 달기 시작해서 삽시간에 끝내고 계속해서 삼각자를 들고 장난을 치기 시작했다. 교사는 이 학생에 대해서 평소에 잘하는 학생이라고 생각해서인지 아무런 제재를 가하지 않았다. 이 학생은 아까운 시간 40분을 그냥 흘려보냈다. 짝에게는 피해를 주면서.

이 학생을 수업 속으로 끌어들여야 된다. 활동 1을 끝내고 설명해 보게 하고, 설명이 부족하면 "확실히 잘 알도록 선생님의 설명을 들어야 됩니다. 다시 질문할 테니까, 잘 듣습니다."라고 말하고 설명 후 다시 한 번 대답할 기회를 주어야 된다. 아울러 심화 학습지를 매시간 준비하여 우수한 학생은 더욱 심화된 학력을 갖도록 해 주어야 된다.

교사가 교재 연구를 충실히 하여 수업 시 설명을 할 때 시간을 절약할 수 있어야 심화지도나 보충지도를 할 수 있는 시간이 확보된다. 교재 연구가 제대로 안 되면 학생들을 산으로 끌고 갔다가 바다로 끌고 갔다가 하며 아까운 시간만 축내게 된다. 그러면 기본적인 지도는커녕 심화 · 보충 학습을 할 시간은 결코 확보되지 않는다.

지도를 받고 완성도 높은 수업을 위해 교재 연구도 열심히 하고 수업 기술도 숙지하려 노력을 하였지만, 그것들을 아직 완벽히 체득하지 못하여서 수업에서 미흡한 면들이 여전히 많이 있었습니다.

먼저 도입에서 스토리텔링 활동을 중요시 여기지 않았습니다. 생각열기 문제에 스토리텔링의 내용이 정리되어 나와 있기 때문에 이를 읽기만 하면 될 것이라고 생각했던 것입니다. 하지만 단원 전체의 내용이 한 이야기의 흐름에 담겨있으므로 빠져서는 안 되는 활동이었습니다.

또한 각도기를 이용하여 각을 재고 그리는 방법을 꼼꼼히 지도하지 못하였습니다. 각도기를 사용하는 데 익숙하지 않은 4학년 학생들이기 때문에 교사가 그 사용법을 구체적이고 자세하게 설명해주었어야 했지만, 교사가 각도기를 사용하는 모습을 보여주면 학생들이 이해하겠거니 하고 지나가고 말았습니다.

그리고 교과서에 제시된 내용을 간과하고 지나가기도 하였습니다. 각도기로 각을 그리는 활동에서 교사의 설명도 필요하지만 이에 더불어 교과서에 제시된 글상자의 글을 학생들이 읽어보게 하였다면 학생들이 각도기를 사용하기가 보다 용이하였을 것입니다.

그리고 수학 수업의 마무리 활동에서 가장 중요한 활동인 심화 · 보충지도가 제대로 이루어지지 않았습니다. 평소 본 교사의 학급 학생들은 수학 학습 능력에 있어서 큰 수준 차이를 보이고 있습니다. 우수한 학생은 교사의 별다른 설명 없이도 교과서의 모든 문제를 막힘없이 풀 수 있지만, 그 반대 경우인 학생은 한 시간 내내 그 학생만 데리고 설명하여도 충분히 이해를 못하는 수준입니다.

때문에 사전에 심화 학습지를 준비하여 우수한 학생에게는 보다 난이도 있는 문제를 고민해보고 풀어볼 수 있도록 하고, 부족한 학생에게는 보충 설명을 하여 수학 원리를 명확히 이해하고 넘어갈 수 있도록 해야 한 시간의 수학 수업이 유익한 시간이 될 수 있음을 알게 되었습니다.

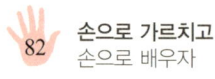

8

생각눈덩이를
만들게 하고 키워주는가?

수업 시간 한 시간 내내 학생들이
자신의 생각눈덩이 만들 시간을 한 번도 주지 않고,
다른 친구들의 생각눈덩이가 어떻게 생겼나 들을 기회도 주지 않고,
담임선생님은 어떤 멋진 생각을 갖고 있는지도 모른 채로
그저 교과서만 순서대로 풀어나가는 수업이 아니면 좋겠다.

앞에서 수업을 할 때 손으로 가르쳐야 된다거나 교재 연구는 어떻게 해야 한다거나, 지시 전에 할 일, 지시한 뒤에 할 일 등을 말했는데, 손으로 가르치고, 교재 연구를 제대로 했다고 하더라도 수업 시간에는 더불어 학생으로 하여금 생각하게 하는 일, 즉 사고력을 신장시키는 일은 대단히 중요한 일이다.

그동안 여러 선생님들의 수많은 수업을 참관하면서 느낀 것은 교사들은 다소 급하다는 것이다. 수업 시간 40분 내내 학생들에게 생각해 볼 시간을 한 번도 주지 않고 수업을 마치는 교사들이 있다. 그래서 그 반 학생들은 수동적으로 앉아서 듣기만 하다가 수업이 끝나는 것이다.

왜 이렇게 수업이 진행되는 것일까? 우선 선생님들이 바쁘다. 그래서 수업의 진도가 미뤄지기 일쑤다. 한 시간 안에 2차시 내지 3차시 분량의 수업을 마쳐야 되는 경우가 꽤 있다. 그러다 보니 생각할 틈을 줄 수가 없고 교사가 다 설명해 버리고 수업을 마치는 것이다.

아니면 바쁘지 않은데도 생각할 기회를 잘 주지 않는 교사는 교사 개인의 잘못 든 습관 때문일 것이라고 본다.

본 교에서는 학습 요소마다 반드시 교사가 학생들에게 생각할 시간을 주게 하고 있다. 그리고 나서 학생이 생각한 것을 중심으로 발문하게 하고 있다.

학생들에게 생각하게 하는 예를 다음 교수·학습 과정안에서 확인해 보자.

⟨수학과 본시 교수 · 학습 과정안⟩

일시	2014.6.16(수)	대상	4학년 1반 14명	장소	4학년 교실	수업자	민은미
단원	5. 혼합 계산			차시	6/13	교과서 쪽수	수학 158~159쪽 익힘 101~102쪽
본시 주제	덧셈, 뺄셈, 곱셈, 나눗셈이 섞여 있는 식의 계산순서에 맞게 계산하기						
학습목표	덧셈, 뺄셈, 곱셈, 나눗셈이 섞여 있는 식을 순서에 맞게 계산할 수 있다.			학습 모형		원리 탐구 모형	
교수 · 학습 자료	실물화상기, 스토리텔링 자료						

학습 과정	학습 요소	교수 학습 내용 및 활동		학습 조직	시간	자료(◇) 및 유의점(◆)
		교시 활동(⊙) 및 발문(▶)	학생 활동(◎) 및 예상 반응(▷)			
도입	전시 학습 상기	⊙지난 시간에 배운 내용에 대해서 떠올리게 한다. ▶지난 시간에 무엇을 공부하였습니까? ▶덧셈, 뺄셈, 나눗셈의 혼합 계산은 어떤 순서로 계산해야 됩니까? ▶그렇게 계산하는 까닭은 무엇 때문입니까?	◎지난 시간에 배운 내용을 떠올려 본다. ▷덧셈, 뺄셈, 나눗셈이 섞여 있는 식의 계산 순서를 공부하였습니다. ▷나눗셈 먼저 계산하고 나머지 계산은 차례대로 해야 합니다. ▷계산 순서가 달라지면 계산 결과도 달라지기 때문입니다.	개별 / 전체	2	
	동기 유발	⊙덧셈, 뺄셈, 곱셈, 나눗셈의 혼합 계산과 관련된 스토리텔링 이야기를 들려주고 지난 시간에 공부한 내용과 무엇이 다른지 생각해보게 한다. ▶지난 시간에 공부한 내용과 무엇이 다릅니까?	◎덧셈, 뺄셈, 곱셈, 나눗셈의 혼합 계산과 관련된 스토리텔링 이야기를 듣고 지난 시간에 공부한 내용과 무엇이 다른지 생각해본다. ▷지난 시간에는 덧셈, 뺄셈, 곱셈이 섞여 있는 문제였는데 오늘은 나눗셈까지 섞여 있는 문제인 것 같습니다.	개별 / 전체	3	◇스토리텔링 자료 ◆구하는 것이 무엇이며 어떤 셈이 필요한지 생각하며 들을 수 있도록 안내한다.
	학습 목표 제시	⊙이 시간에 공부할 학습 목표가 무엇인지 생각해보게 한다. ▶이 시간에 공부할 문제는 무엇일까요?	◎이 시간에 공부할 학습 목표가 무엇인지 생각해본다. ▷이 시간에 공부할 문제는 덧셈, 뺄셈, 곱셈, 나눗셈이 섞여 있는 식을 순서에 맞게 계산하는 것입니다.	개별 / 전체		
새로운 문제 상황 제시	활동 1 문제 확인 하기	⊙필요한 재료를 사고 남은 돈을 구하는 방법을 각자 생각해보고 짝과 토의하도록 한다. ▶필요한 재료를 사고 남은 돈을 어떻게 구할 수 있을까요?	◎필요한 재료를 사고 남은 돈을 구하는 방법을 생각해보고 짝과 토의한다. ▷처음에 받은 돈에서 재료를 산 돈을 빼면 됩니다.	개별 / 짝 / 전체	7	◇판서

위의 교수·학습 과정안에서 보듯이 교사는 반드시 학생으로 하여금 먼저 생각하게 하고 발문을 해줘야 된다. 그래서 학습 조직이 '개별/전체', 혹은 '개별/짝/전체'로 표시되어 있는 것이다.

물론 지도안을 이렇게 작성을 해도 교사가 습관이 되어 있지 않으면 생각해 보게 하는 과정을 무시하고 교사가 혼자 이끌어가며 수업을 마치기도 한다. 교사가 학생들에게 학습 요소마다 생각해 보게 한 후에 발문하는 일은 교사가 먼저 지녀야 할 좋은 교수 습관이라고 본다.

그러면 생각하게 해 주면 무엇이 좋은가? 사고력이 신장된다는 것이야 다 아는 사실이고, 개개인 학생의 수업 참여도가 높아진다. 즉 발문을 했을 때 학생에게 준비된 것이 있기 때문에 교사의 발문에 적극적으로 반응하게 된다. 그래서 공부 시간이 재미있고, 지루하지 않으며, 더 좋은 것은 사고하는 것이 습관적으로 자동화된다는 것이다.

또한 한 시간에 적어도 한 번은 모둠끼리 토의할 시간을 주어야 된다. 그것은 학생들이 내 또래 학급 친구들은 어떤 수준의 사고를 하는지, 내 생각의 수준은 어디쯤에 머물러 있는지를 가늠해 볼 수 있는 기회가 되기도 하고, 또래의 고급 사고에서 힌트를 얻다 보면 자신의 사고 방법이나 수준에도 변화를 가져올 수 있기 때문이다.

따라서 토의를 시키기 전에도 반드시 모둠에서 내 생각을 말할 수 있도록 먼저 생각할 시간을 주어야 된다. 그러면 모둠의 토의에도 적극적으로 참여하게 된다. 아울러 생각하게 하는 내용이 그냥 머리로만 생각하기에는 다소 복잡한 것이라면 메모하게 해서 그 메모 내용을 보고 생각을 말해 보게 하는 것도 좋을 것이다.

그래서 수업은 개별적으로 생각해 보게 하고 전체 학생을 대상으로 그 생각을 말하게 해 주거나, 개별적으로 생각해 본 것을 모둠에서 토의해

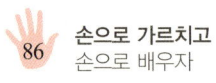

보고 전체 학생을 대상으로 말해 보게 하는 방법으로 조직이 되어야 한다. 이 경우 전체 학생을 대상으로 발표하는 것은 교사가 중간에서 매개 역할을 하는데, 이때 학생들의 생각만 듣게 하고 수업이 끝나면 안 될 것이다. 반드시 교사의 고급 생각이 학생들에게 전달되면서 각각의 수업 요소가 마무리되어야 될 것이다.

정리해 보면 생각과 토의의 관계는 이런 것이다. 학생 자신이 혼자 생각하는 것은 작은 생각눈덩이를 만드는 것이고, 모둠에서 토의를 하며 그 생각눈덩이가 좀 더 커지는 것이고, 전체 학습을 통해서 다른 모둠의 생각을 듣게 되면 생각눈덩이가 더욱더 커지게 되고, 마지막으로 담임선생님의 마무리 생각까지 듣게 되면 학생들의 생각눈덩이는 정선되는 것이다. 수업을 할 때 교사들이 이런 의식을 갖고 학생들을 지도하면 좋겠다.

수업 시간 한 시간 내내 학생들이 자신의 생각눈덩이 만들 시간을 한 번도 주지 않고, 다른 친구들의 생각눈덩이가 어떻게 생겼나 들을 기회도 주지 않고, 담임선생님은 어떤 멋진 생각을 갖고 있는지도 모른 채로 그저 교과서만 순서대로 풀어나가는 수업이 아니면 좋겠다.

수업 시간에 학생들이 자신의 생각과는 다른 친구들의 상큼한 생각에 자극을 받고, 담임선생님이 갖고 있는 풍부한 지식에 매료되어 입을 쩍 벌리며 행복해하는 학생들의 모습을 상상해 본다.

내 반 학생들이 발표력이 없다고 말하는 것은 그동안 교사 자신의 수업 패턴에 문제가 있는 것이다.

2014. 4. 24. 2교시. 여섯 번째 수업 참관

4학년 1학기, 수학과, 3. 각도와 삼각형, 7/16차시, 교과서 90-91

학습 목표 : 각도의 합과 차를 구할 수 있다.

▶ 수업 참관 후 칭찬 내용

■ 선행 학습이 된 학생을 수업에 끌어들이려 노력했다.

■ 교사 자료를 충실히 만들어서 수업에 활용했다.

■ 스토리텔링을 수업 도입부에서 활용하고 중간중간 학생들의 활동을 유도할 때 적절히 활용했다.

▶ 수업 참관 후 지도 내용

■ 어림하기에서도 방법에 대한 지도가 필요하다.

활동 1이나 활동 2에서 각도를 어림해 보는 활동을 할 때 예각의 경우라면 직각을 만들어 보고, 다시 45°를 그어 보고 또다시 잘게 나누어 보면서 정확한 각도(어림이지만)에 근접해 가려는 과학적인 연구 자세가 필요하다고 본다. 또 둔각이라면 180°를 만들어 보고 세분해 가면서 어림해 보아야 될 것이다. 그런데 학생들은 그런 활동을 하는 경우가 없었다. 교사의 지도가 필요한 부분이다.

■ 학생들의 조작 활동 자료가 없었다.

교사 자료를 만들어서 시범을 보이기는 했지만 정작 학생들은 조작 활동 자료가 없이 교사의 설명을 듣기만 하는 소극적인 수업이 되었다. 교과서를 칼라 인쇄를 해서 오려두었다가 학생들에게 배부하고 활용해야 된다. 즉 활동 1의 '가', '나' 자료와 활동 2의 '가', '나' 자료를 직접 조작해 보아야 된다.

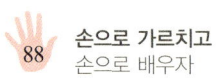

자료를 조작해 보는 이유는 두 각을 이어붙이기를 할 때나 각을 포개볼 때 각의 꼭짓점과 한 변이 겹쳐지게 놓아보는 활동이 필요하기 때문인데 이것은 조작 자료가 있어야만 가능하다.

■ 합과 차를 구할 때의 조작 활동에서 비교 활동이 되지 않았다.

합을 구할 때는 이어 붙여야 되고, 차를 구할 때는 겹쳐야 된다는 것을 조작 활동을 통해서 자유자재로 해 보게 하면 각도에서 합과 차 구하기를 쉽게 할 수 있을 텐데, 비교 설명의 시간이 없었다.

■ 활동 결과에 대하여 학생 간, 교사-학생 간 의견 개진 시간이 없었다.

활동 1의 마지막 활동과 활동 2의 마지막 활동에서는 학생들이 각자 어떻게 합과 차를 구했는지 얘기해 보게 되어 있다. 그런데 이 시간을 교사가 이끌어갔다. 이 활동을 할 때는 학생들에게 각자의 생각을 정리해 보게 하고 짝과 토의를 해보게 한 후 전체 학생을 대상으로 발표해 볼 기회를 주어야 된다. 그런 후에 반드시 교사가 최종 정리를 해 줘야 된다. 이 활동은 학생들의 사고 과정이 정리되는, 즉 생각눈덩이가 정선되는 중요한 시간이기 때문이다.

■ 수학에서도 교사는 정확한 문장을 구사해야 된다.

활동 2를 교사가 정리하며 판서해 줄 때 다음과 같은 문장을 썼다.
'큰 각에 작은 각을 뺀 나머지 부분만 재어 본다.'
위의 밑줄 친 부분은 더할 때의 문장이다. 뺄 때는 '큰 각에서 작은 각을'이라고 써야 된다. 사소한 문제가 아니다. 교사는 늘 정확한 문장을 쓰려고 노력해야 된다. 정확한 문장이 국어에서만 필요한 것은 아니다.

수업 구성에 대해 많이 고민하고 나름 짜임새 있게 설계를 하여도 막상 실제 수업에서는 학생들에게서 교사가 원하는 답변이 나오지 않을 때가 종종 있었습니다. 그럴 때마다 왜 그런 현상이 생기는지 깊이 생각을 못하고 다시 학생들에게 같은 발문을 반복하기만 하였습니다.

학생들 눈높이에 맞게 발문을 정선하지 못한 면도 있었지만, 가장 큰 원인은 발문을 하기 전에 학생들에게 충분히 생각할 시간을 주지 못했기 때문이었습니다. 이 부분은 교생실습과 임용면접 준비 때부터 수업 진행 시 교사가 반드시 염두에 두어야 할 중요한 부분이라고 이미 알고 있던 부분입니다. 하지만 학생에게 생각할 시간을 주는 것이 습관이 되어 있지 않다 보니, 막상 실제 수업에서는 시간에 쫓기거나, 무의식중에 그냥 지나가버리게 되고 말았습니다.

그리고 이후에 일부러라도 꼭 학생들에게 생각할 시간과 기회를 주려는 의식을 가지고 수업을 진행해보았더니, 그 차이는 예상보다 컸습니다. 발표를 원래부터 잘하던 학생들에게는 많은 차이가 없을지 몰라도, 약간 미숙하고 분명하지 못한 답변을 하거나 아예 손을 들지도 못했던 학생들이 질문에 알맞고 정선된 답변을 보다 자신 있게 발표하는 것이었습니다. 그리고 이러한 변화는 단순히 머릿속으로 생각을 정리하는 것보다 교과서나 메모장에 자신의 생각을 써서 정리할 때 더 극명하게 나타났습니다. 준비된 자가 기회를 잡을 수 있는 것처럼 학생들에게도 교사의 발문에 대한 답을 정리해 볼 시간과 기회를 주어야 자신 있게 발표할 수 있다는 것을 알게 되었습니다.

또한 수학 교과에서는 조작 활동이 매우 중요하고 이에 대한 준비도 철저해야 함을 알게 되었습니다. 듣기만 하는 것보다 보는 것이, 보기만

하는 것보다 직접 체험해 볼 때에 더 잘 이해하고 기억에 남습니다. 이처럼 수학 교과에서 조작 활동은 학생들의 수학적 이해를 돕기 위해 반드시 필요한 과정이지만 이것이 빠지다 보니 교사의 설명이 길어지고 학생들이 이해를 하는 데도 시간이 더 소요되었습니다. 조작 활동 자료를 준비하는 것이 다소 귀찮고 시간이 걸리는 일이긴 하나, 오히려 이것을 활용하면 수업이 원활히 전개되어 수업을 계획된 대로 진행할 수 있다는 것을 알게 되었습니다.

9

판서는
언제 어떻게 하는가?

칠판을 사용해서 판서를 할 때 3단 활용법을 권장한다.

3단 활용법은 칠판을 세로로 3등분한다는 말이다.

왼쪽에는 단원, 학습 목표, 활동 내용을 쓰고 가운데에는 본시의 전개 내용,

그리고 오른쪽에는 일반화 지식 등 정리된 내용을 써 보자.

판서에서 가장 중요한 것은 물론 내용이다. 학습 목표에 맞는 핵심적인 내용이 판서되어야 한다. 판서 내용에 대해서는 '6. 교재 연구는 어떻게 하는가?'에서 다뤘으므로 여기서는 준비된 내용을 칠판에 정리하는 문제에 대해서 다루고자 한다.

그러면 판서는 언제 어떻게 할까? 교사가 미리 다 써 놓고 그 내용을 중심으로 설명을 하면 될까? 수업이 다 끝나고 판서를 해 주면 될까?

본 교에서는 판서한 내용을 학습장에 쓰게 했더니 초기에 다음과 같은 일들이 발생했다.

1. 학습활동이 세 가지인 수업을 하며, 활동 한 가지가 끝날 때마다 판서를 하고 학생들에게 쓰게 하는 경우
2. 수업을 다 하고 판서를 해 주며 쓰게 하는 경우
3. 교사는 칠판에 판서를 하지 않고 학생들에게 학습장에 정리하게 하는 경우
4. 학습 목표와 학습 순서만 써 놓고 학생들에게도 이 내용만 쓰게 하는 경우

1번의 경우에는 수업의 흐름에 단절이 온다. 이때 학생들은 교사의 판서 내용을 따라서 쓰게 되고, 교사보다 속도가 느린 학생들 때문에 수업 시간이 길어지게 된다.

2번의 경우에는 판서를 위한 판서가 된다. 전개 과정에서 교사는 입으로만 수업을 하고 끝나면서 판서를 해 주면 효과는 어떨지 생각해 볼 일이다.

3번의 경우는 위험한 방법이다. 사실 핵심적인 내용만 추출해서 판서를 제대로 하는 일은 교사들도 어려운 일이다. 그런데 학생들에게 정리해 보게 하면 학생들마다 각기 다 다른 내용을 학습장에 정리하게 되고, 학생들은 자신이 정리한 내용에 확신을 갖거나(우수아), 불신을 하거나(부진

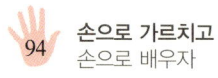

아), 아예 하지 않거나 하게 될 것이다.

4번의 경우는 교사가 학습 내용에 대해서는 판서를 전혀 하지 않고 계속 입으로만 수업을 하고, 학습장에 학습 내용을 쓰라고 하니까 학습 목표와 학습 순서만 쓴 것이다.

이러한 잘못된 판서 습관을 수정하기 위해서 본 교에서는 수업 연구를 할 때 시나리오를 써 보게 하는데 이때 판서 내용뿐만 아니라 판서 시기에 대해서도 시나리오 상에 정확히 나타내보도록 하였다.

판서 시기에 대한 예를 보자.

앞의 '6. 교재 연구는 어떻게 하는가?'에서 활용한 판서 내용을 가지고 설명해 보고자 한다.

1. 촌락이 도시에 주는 도움
　　농수산물 직거래 장터 → 농수산물 싸게 사기
　　주말농장 → 자연 체험
　　지역 축제 → 다양한 촌락 체험

2. 도시가 촌락에 주는 도움
　　공장 → 공산품 제공
　　병원 → 무료 진료
　　일손 돕기 봉사 활동
　　다양한 문화 공연 제공

3. 촌락의 문제점과 해결 방법

　　※이 부분은 교과서 59쪽을 학생들과 같이 해결한 뒤에 학생들이 각자 정리할
　　　수 있도록 안내한다.

촌락과 도시는 서로 도움을 주고 받으며 더불어 함께 살아가기 위해 노력하고 있다.

위의 판서 내용에 맞는 학습활동은 세 가지다. '1. 촌락이 도시에 주는 도움, 2. 도시가 촌락에 주는 도움, 3. 촌락의 문제점과 해결 방법'이다.

활동 1을 시작하면서 칠판에 써야 할 것은 1. 촌락이 도시에 주는 도움이다. 그리고 활동 1에 대한 학생들의 모둠활동이 끝나고 전체 학습이 이루어지면서 교사와 학생의 상호작용의 결과로 판서되어야 될 부분은 다음과 같다.

> 농수산물 직거래 장터 → 농수산물 싸게 사기
> 주말농장 → 자연 체험
> 지역 축제 → 다양한 촌락 체험

따라서 활동 1이 끝난 뒤에 칠판에 판서되어야 할 내용은 다음과 같다.

> **1. 촌락이 도시에 주는 도움**
> 농수산물 직거래 장터 → 농수산물 싸게 사기
> 주말농장 → 자연 체험
> 지역 축제 → 다양한 촌락 체험

다시 활동 2를 시작하면서 교사는 칠판에 2. 도시가 촌락에 주는 도움이라고 써 놓는다.

> 공장 → 공산품 제공
> 병원 → 무료 진료
> 일손 돕기 봉사 활동
> 다양한 문화 공연 제공

그리고 학생들의 활동 2에 대한 모둠활동이 끝나고 전체 학습이 이루어지면서 교사와 학생의 상호작용의 결과로 판서되어야 될 부분은 왼쪽과 같다.

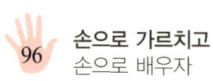

활동 2까지 끝난 뒤에 칠판에 판서되어야 할 내용은 다음과 같다.

---

1. 촌락이 도시에 주는 도움

   농수산물 직거래 장터 → 농수산물 싸게 사기

   주말농장 → 자연 체험

   지역 축제 → 다양한 촌락 체험

2. 도시가 촌락에 주는 도움

   공장 → 공산품 제공

   병원 → 무료 진료

   일손 돕기 봉사 활동

   다양한 문화 공연 제공

이렇게 활동 2까지 끝나면 일반화 지식을 도출해 내야 된다. 이때 학생들에게 칠판에 쓰인 결과를 토대로 '촌락과 도시의 도움 관계'를 한 문장으로 정리해 보게 하고 발표를 시킨다. 다음과 같은 일반화 문장이 나올 수 있겠다. '촌락과 도시는 서로 도움을 주고받으며 더불어 함께 살아가기 위해 노력하고 있다.'

---

1. 촌락이 도시에 주는 도움

   농수산물 직거래 장터 → 농수산물 싸게 사기

   주말농장 → 자연 체험

   지역 축제 → 다양한 촌락 체험

2. 도시가 촌락에 주는 도움

   공장 → 공산품 제공

   병원 → 무료 진료

   일손 돕기 봉사 활동

   다양한 문화 공연 제공

촌락과 도시는 서로 도움을 주고받으며 더불어 함께 살아가기 위해 노력하고 있다.

위의 판서는 활동 1과 활동 2가 끝난 뒤에 칠판에 판서된 내용이다.

다시 활동 3을 시작하면서 3. 촌락의 문제점과 해결 방법을 판서한 후, 네 가지의 문제가 무엇인지 찾아보게 하고 발표를 시킨 후 다음과 같이 판서한다.

노인 인구 증가 문제 :

소득 감소 문제 :

교통 시설과 의료 시설 부족 문제 :

환경 오염 문제 :

네 가지 문제에 대한 답은 학생들이 충분히 찾을 수 있는 것(교과서에 제시되어 있음)이므로 각자 찾아보게 하고 발표를 시켜 정답을 확인한 후 각자 학습장에 정리하게 하면 될 것이다.

따라서 본시의 최종적인 판서 내용은 다음과 같다.

1. 촌락이 도시에 주는 도움
  농수산물 직거래 장터 → 농수산물 싸게 사기
  주말농장 → 자연 체험
  지역 축제 → 다양한 촌락 체험

2. 도시가 촌락에 주는 도움
  공장 → 공산품 제공
  병원 → 무료 진료
  일손 돕기 봉사 활동
  다양한 문화 공연 제공

촌락과 도시는 서로 도움을 주고받으며 더불어 함께 살아가기 위해 노력하고 있다.

3. 촌락의 문제점과 해결 방법
  노인 인구 증가 문제 :
  소득 감소 문제 :
  교통 시설과 의료 시설 부족 문제 :
  환경 오염 문제 :

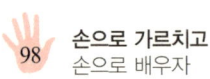

위에서 살펴본 것은 판서의 시기이고, 칠판을 어떻게 활용할 것인지에 대해서 살펴보고자 한다.

본 교 교사들에게 칠판을 사용해서 판서를 할 때 3단 활용법을 권장하고 있다. 3단 활용법은 칠판을 세로로 3등분한다는 말이다.

왼쪽에는 단원, 학습 목표, 활동 내용을 쓰고 가운데에는 본시의 전개 내용, 그리고 오른쪽에는 일반화 지식 등 정리된 내용을 쓰게 하였다.

다음과 같은 모습이 나올 수 있겠다.

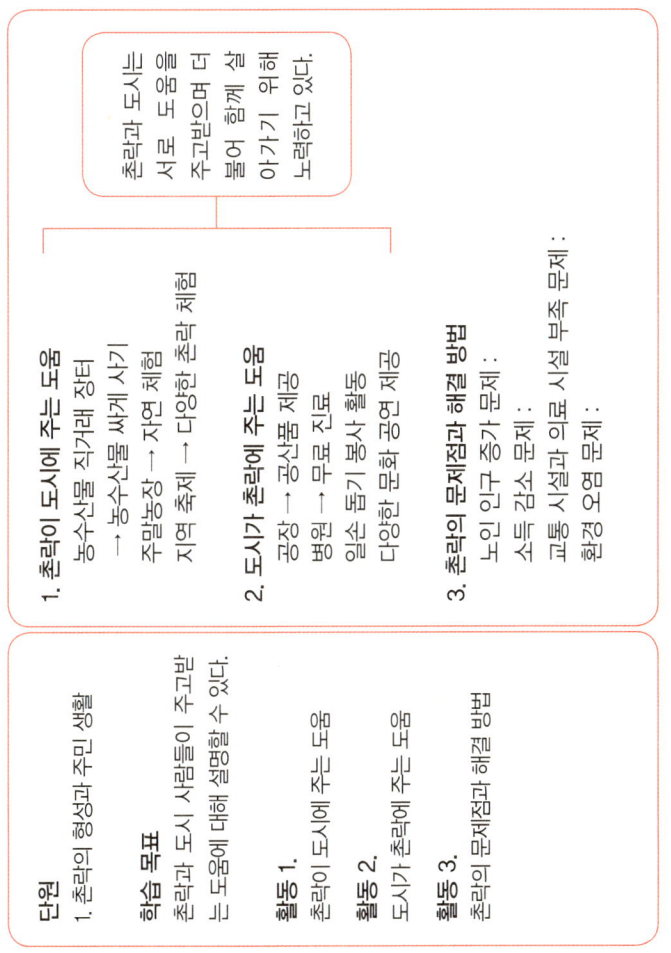

아울러 판서를 할 때 교사의 위치에 대해서 알아보자. 교사가 판서를 할 때 학생들에게 완전한 뒷모습을 보이면 좀 답답하다. 물론 자료를 붙인다거나 자를 사용하여 줄을 긋는다거나 할 때는 완전히 돌려야 가능할 것이다.

그러나 학생들과 상호작용을 하며 학습한 결과를 써 갈 때는 학생들 쪽으로 몸을 틀어서 학생들의 반응을 살피며 듣고 적어야 된다. 이때 교사의 위치는 학생들이 칠판을 바라볼 때 오른쪽에 서야 된다. 이러한 자세가 가능하기 위해서는 교사의 판서 글씨가 자유로워야 된다. 그래서 교사는 칠판에 쓰는 글씨를 교과서체로 쓰되 속필로 쓸 수 있는 능력이 갖추어져야 되는 것이다.

또한 고학년의 경우에는 판서하는 것도 학생들에게 그 요령을 보여주어야 된다.

즉 '여름에는 기온이 오르고, 겨울에는 기온이 내려간다.'든가 '햇빛 밝은 날 기온이 올라가고, 구름 낀 날 기온이 내려간다'라는 내용을 판서해야 될 경우에 다음과 같이 해 볼 수 있겠다.

여름 : 기온 ↑
겨울 : 기온 ↓
☼ : 기온 ↑
☁ : 기온 ↓

글씨만 쓰는 판서보다는 기호라든가, 약화 등을 사용하면 학생들이 교사의 수업을 지루해하지 않고 즐길 것이며, 학생들의 기억을 돕는 일이 될 것이다.

10

메모 지도는
어떻게 하는가?

메모는 사람의 생각을 정선하게 해 준다.
수업 시간에 '생각해 보자',
'생각한 것을 발표해 보자.',
'생각한 것을 써 보자.'라고 했을 때
가장 정선된 생각이 드러나는 것은 생각한 것을 써 보게 했을 때이다.

메모 습관의 중요성은 언급하지 않아도 될 것 같다. 본 교에서는 메모하는 습관을 갖게 하기 위하여 다음과 같이 지도하고 있다.

메모장을 사게 되면 대부분은 줄 간격이 좁아서, 본 교에서는 사지 않고 학교 자체로 제작을 해서 활용하고 있다.

저·고학년으로 나누어 줄 간격을 구분하고 표지는 다음과 같이 구성하였다.

(가로, 세로, 20cm×15cm 크기)

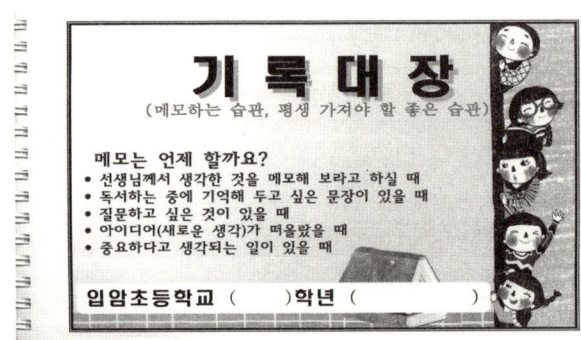

이 메모장은 주로 다음과 같이 활용하고 있다.

월요일 아침 시간에 학교장이 학생 훈화를 하거나, 전교생이 함께 모여 시청각실에서 음악 감상을 할 때면, 훈화나 음악 감상이 끝난 뒤에 생각이나 느낌을 한두 문장으로 적어보게 하고 발표를 시킨다. 또는 전교생이 모여서 독서 감상 발표회나 웅변대회를 할 때 메모장에 각자 평가를 해보거나, 바람직한 점 혹은 문제점 등을 적어보게 한다. 그러면 훨씬 주의 깊게 듣기도 하고 학생 나름대로 분석력도 깊어진다.

현장학습을 갈 때에도 반드시 이 메모장을 소지하게 하고 기록을 시키고 있다.

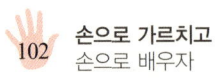

매일 아침 도서실에 모여 아침 독서를 하는데 이때에도 메모장을 소지하게 하여 좋은 문장이나 어려운 낱말을 기록하게 하고 있다.

메모장을 특히 많이 활용하는 때는 교실에서 교사들이 수업을 할 때다. 본 교에서는 수업 시간에 교사들이 발문을 할 때는 반드시 생각해 보게 하고 발표를 시키도록 지도하고 있다.

그런데 생각해 보게 하는 일은 교사가 습관이 되지 않으면 잘 되지 않는다. 학생들에게 생각해 볼 시간을 주는 것이 습관이 되지 않으면, 즉 평소에 전혀 생각해 볼 기회를 주지 않고 발문을 해버릇하면, 영리하거나 외향적인 학생 몇 명이 대답할 것이다. 그러면 그 외의 학생들은 전혀 생각을 하지 않아도 큰 어려움 없이 수업은 자연스럽게 끝나는 것이다. 이런 학급의 수업 풍토 속에서는 몇 명만의 학습만 이루어진다. 물론 이 학생들도 생각해 볼 시간을 갖고 좀 더 발전적인 생각을 하는 것이 아니고 임기응변적으로 말하는 것으로 끝난다.

그래서 교사는 가능한 한 많은 수의 학생들이 수업에 적극적으로 참여할 수 있도록, 발문을 한 다음 반드시 손을 머리에 대며 "생각해 봅시다."라고 말해야 된다. 그러면 임기응변적으로 말하던 학생들도 생각을 깊이 있게 하게 되어 생각이 훨씬 체계를 갖는다. 그런데 이렇게 생각해 볼 기회를 준 뒤에도 교사가 영리한 학생들만 발표를 시키면 그다음에는 생각해보자고 해도 그 영리한 학생들 외에는 생각을 하지 않는다. 즉 '내가 발표를 하지 않아도 몇 명이 대답하고 나면 큰 부담을 갖지 않아도 수업은 자연스럽게 끝나는데, 나를 시키지도 않는데 뭐 하러 생각을 하나?' 이런 태도를 갖게 되는 것이다.

여러 학교 여러 선생님들의 수업 컨설팅을 하러 가서 보면 대부분이 이런 식으로 수업이 진행된다. 즉 이런 학급의 수업 풍토 속에서는 첫째 시간부터 6교시가 끝날 때까지 발표 한 번 안 해 보고(자연히 생각다운 생각도 안 해 보고) 선생님과 친구들 몇 명이 수업하는 것을 구경만 하다가 집으로 가는 학생들이 태반이다.

왜 수업이 이렇게 진행되는 것일까? 그것은 학생 한 명 한 명에 대한 배려가 부족하기 때문이다. 또 다른 이유는 한 차시 분량의 수업을 해야 할 40분 동안에 두 차시 혹은 세 차시 분량의 수업을 몰아서 해야 되는 경우에는 시간이 없어서 생각해 보게 하거나 발표를 시키면서 시간을 여유 있게 쓸 수가 없기 때문이다. 그래서 수업 시간에 업무를 처리해서는 안 되고, '주간 학습 계획안'을 작성해서 매일 그것을 보면서 당일의 수업 시간을 내일로 모레로 미루지 않고 당일의 수업 내용은 당일에 지도하려는 의지를 갖고 실천해야 되는 것이다. 그래야 매 단위 수업 시간 한 시간 한 시간을 밀도 높게 운영할 수 있는 것이다.

메모장 이야기를 하다가 좀 멀리 온 것 같다. 다시 돌아와 보자. 수업 시간에 대부분은 그냥 생각만 하게 하고 고르게 발표를 시키면 된다. 그런데 정말 중요한 내용의 경우에는 생각해 본 것을 메모장에 써 보게 해야 된다는 말을 하려다 보니 좀 멀리 온 것이다.

그러면 메모장에 써 보게 해야 되는 중요한 내용은 어떤 것들인가?

예를 들어보자. 수업 중에 토의를 시키려고 할 때는 학생 개인별로 각자의 정리된 생각을 갖고 있지 않으면 토의가 활발하지 않으므로 토의 전에 각자의 생각을 메모해 보게 해야 된다. 생각만 해 보게 하고 토의를 시키면 토의가 활발하지도 않고, 또 몇 명은 구경만 하다가 끝이 난다. 그러므로 토의를 시키기 전에는 반드시 각자의 생각을 메모장에 정리하게 해 줘야 된다. 그 정리된 내용을 가지고 토의를 하면 밀도 높은 토의가 된다. 또 사회과 수업을 할 때 일반화 지식을 도출하는 경우에도 각자

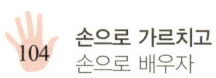

메모장에 자신의 생각을 한 문장으로 메모해 보게 하고 발표를 시키면, 수업에의 참여도가 훨씬 높고 학생들의 앎도 정선된다.

수업 시간에 생각하게 하는 것들을 모두 메모해 보게 할 수는 없다. 수업 시간은 정해져 있기 때문이다. 그러나 앞에서 말한 대로 중요한 것은 반드시 메모를 하게 하고 발표를 시키거나 토의를 시켜야 된다.

그래서 수업 시간에는 책상 위에 반드시 메모장이 준비되어 있어야 된다고 생각한다. 수업 시간뿐만 아니고 독서 시간, 체험하는 시간 등, 꼭 메모장을 소지하고 틈나는 대로 메모를 시켜보자.

메모는 사람의 생각을 정선하게 해 준다. 수업 시간에 '생각해 보자', '생각한 것을 발표해 보자', '생각한 것을 써 보자'라고 했을 때 가장 정선된 생각이 드러나는 것은 생각한 것을 써 보게 했을 때임을 잊지 말아야 할 것이다.

11

예습 과제는
구체적으로 안내하는가?

교사가 교재 연구를 제대로 하지 않은 상태에서
예습 과제를 제시해 주면 학생들이 시간만 낭비하게 되고,
수업 목표 도달에 초점을 맞출 수가 없게 된다.
그래서 미리 수업 구성을 해보고,
수업 목표 도달과 직결되는 예습 과제를 제시하는 일은
한 시간의 수업의 성패를 다루는 문제가 되므로 매우 중요하다 하겠다.

여기서는 사회과를 중심으로 다루고자 한다.

사회과 수업의 예습 과제는 교사가 교재 연구를 충분히 한 뒤에, 즉 학습 목표 구현에 적절한 학습활동을 선정한 뒤에 각 활동에 필요한 것을 예습 과제로 제시해야 된다. 말로만 무엇을 해 오라고 하면 학생들이 난감해한다. 그래서 예습 과제는 학습지로 만들어서 주는 것이 좋겠다. 즉 예습 과제를 제시할 때 해결 방법을 구체적으로 안내하면 학생들의 학습에 대한 성취동기가 강화된다.

국어과나 수학과 등은 학생들이 준비가 없이 교과서만 가지고서도(물론 이 과목들도 예습 복습이 선행되면 효과가 높은 것은 사실이지만) 수업이 가능하지만 사회과는 다르다. 사회과의 예습 과제는 미술과 수업에서 학생들이 준비해야 되는 미술 도구 같은 것이라고 볼 수 있다. 아니 미술 도구가 없는 경우 교사가 준비해 주면 큰 문제없이 미술과 수업은 진행된다.

하지만 사회과 예습 과제는 교사가 준비해 줄 수 있는 것이 아니다. 학생들이 각자 가정이나 지역의 문제나 상황 등을 준비해야 되고, 텔레비전을 보게 하거나 인터넷을 활용해서 준비를 해야만 되는 경우가 있고, 혹은 훌륭한 인물에 대한 이야기나 역사 이야기 등은 독서를 통해서 각자의 생각이나 경험 등을 소재로 해야만 되는 경우가 많기 때문이다.

따라서 사회과 수업에서는 학생 각자가 예습 과제를 준비해야 수업 시간에 활발하게 활동을 할 수가 있고 목표 도달도도 높아진다. 예습 과제를 준비한 학생은 준비하는 과정에서 이미 학습 목표의 반 이상을 도달했다고 볼 수 있고, 다른 학생들이 하는 말도, 교사가 하는 말도 이해하기가 쉽다. 그래서 사회과는 반드시 적절한 예습 과제를 제시해야 되고, 아울러 학습 목표 도달과 직결되는 핵심 과제를 제시해 주어야 된다.

그러므로 사회과 수업을 하는 교사는 단순하게 한 차시나 한 단원의

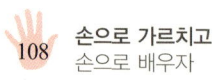

교재 연구가 아니라 학년 초나 학기 초에 교과서 전체를 조망해 보고 장기와 단기로 나누어서, 읽게 해야 될 도서는 무엇인지 현장학습을 해야 될 곳은 어디인지를 미리미리 파악하여 적절하게 예습 과제를 제시해야 되는 것이다.

예습 과제가 적절하지 않으면, 즉 교사가 교재 연구를 제대로 하지 않은 상태에서 예습 과제를 제시해 주면 학생들이 시간만 낭비하게 되고, 수업 목표 도달에 초점을 맞출 수가 없게 된다. 뒤에서 수업 구성에 대해서 다루겠지만, 그래서 미리 수업 구성을 해보고, 수업 목표 도달과 직결되는 예습 과제를 제시하는 일은 한 시간의 수업의 성패를 다루는 문제가 되므로 매우 중요하다 하겠다.

사회과 예습 과제와 관련하여 이런 제안을 해본다. 본시 수업을 마치며 다음 차시를 위해서 예습 과제를 줄 때, 학습지를 나눠주고, 무엇을 조사해야 되는지, 어떤 방법으로 조사해야 되는지를 5분 정도 할애해서 자세히 설명해 주자는 것이다. 자세한 설명이 없으면 예습 과제가 여하히 이루어지지 않으니까. 그리고 다음 차시 사회 시간에 35분 수업을 하고 또 다음 차시의 과제를 5분간 자세히 설명해 주어 보자. 그러면 사회과 한 시간을 위해 사용한 시간은 전체적으로 40분이 된다.

2014. 5. 2. 2교시. 일곱 번째 수업 참관

4학년 1학기, 사회과, 2. 도시의 발달과 주민 생활, 10/15차시, 교과서 96–99
학습 목표 : 도시 문제의 종류와 발생 원인을 설명할 수 있다.

▶ 수업 참관 후 칭찬 내용

■ 학생 지도에 여유가 생겼다.

■ 판서를 구조화하며 수업을 했다.

■ 어려운 용어에 대한 정의를 적절히 해 주었다.

■ 학생들의 주의 집중에 주의를 기울였다.

▶ 수업 참관 후 지도 내용

■ 전시 학습 상기 내용이 지식 확인에 그쳤다.

전시(9/15)는 도시에서 일어나는 문제를 조사하는 수업이었다. 92–93쪽에서는 그림을 중심으로 도시의 문제를 찾아보게 하고, 94–95쪽에서는 도시 문제의 조사 방법에 대해 지도를 하되, 직접 하는 것이 아니고, 이론적으로 알게 한 다음, 다음과 같은 방법으로 조사를 하도록 해야 한다.

1. 조사 시기 (방과 후, 토요일, 일요일 등)
2. 조사 방법 (신문 기사 조사, 방송 뉴스 조사, 인터넷 자료 조사, 어른들께 여
   쭈어 보기, 직접 현장에 나가서 조사 등)
3. 조사 지역 (전주, 군산, 익산, 정읍, 남원, 김제)
4. 조사 내용 정리
5. 발표 자료 만들기

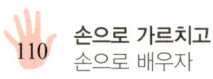

즉 전시에서 위의 5개 항목에 대하여 방법을 설명했어야 되고, 방법을 알게 했으면 직접 해 볼 수 있게 과제를 주었어야 된다.

그런데 이 지도가 빠졌음을 알 수 있는 것은 교사가 92–93쪽의 그림에서 보이는 주택문제, 교통문제, 환경문제에 대해서만 상기를 시키고 본시로 들어갔기 때문이다.

■ 예습 과제가 없었다.

예습 과제는 본시에서 지도할 때 98쪽에서 제시하고 있는 대표적인 두 가지 문제점 외의 문제를 모둠끼리 위의 다섯 가지 방법으로 조사하게 해야 한다. 이렇게 과제가 준비되었다면 학생들은 이 과제를 활용하여 이 부분 수업을 할 때 적극적인 토의와 발표로 수업이 진행되었을 것이다. 예습 과제가 없으므로 학생들은 수업에 대한 참여도가 낮고, 흥미도 적어 보였고, 교사는 교사대로 수업을 진행하기가 힘들었다.

■ 사실 지식 위주의 수업이 되었다.

96–97쪽 수업을 할 때는 교과서를 중심으로 할 수 있겠다. 이때도 교사는 '사실'뿐만 아니라 '개념'이나 '일반화' 지식을 학생들에게 가르쳐야겠다는 의식을 가지고 수업을 해야 된다. 그런데 사실 지식만 주입하는 수업이 되었다.

■ 기능 목표에 대한 의식이 없이 수업이 진행되었다.

99쪽의 수업을 하려고 할 때 시간은 5분이 남은 상태였다. 시간 안배가 필요한데, 이 과정에서 5분을 남긴 것은 교사에게 기능 목표에 대한 의식이 없었다고 보아진다.

아울러 이 과정에서는 학생들에게 정보(그래프)를 보고 나름대로 해석을 해 보게 하고, 짝이나 모둠끼리 토의를 한 후 발표를 시키는 것이 좋을 것이다. 그리고 나서 교사가 설명을 해 줌으로써 정보를 해석할 수 있는 능력을 갖게 해 주어야 될 것이다.

■사실은 근거 있는 정보를 활용함으로써 설득력이 있다는 것을 알게 해야 한다.

96-98쪽까지 학습을 하는 동안 '도시로의 과도한 인구 집중' 때문임을 알게 되었다. 그런데 이렇게만 수업을 마치면 설득력이 부족하다. 따라서 출처가 분명한 통계 자료를 활용해야 한다는 것을 인지시키면서 통계자료의 중요성과 아울러 자료에 대한 해석력이 필요함을 가르쳐야 된다.

지도를 받고

평소, 사회과 수업을 하면서 학생들이 수업에 그다지 흥미를 갖고 참여하지 않는다는 생각을 하고 있었습니다. 수학과처럼 머리 아프게 계산을 하지 않아도 되고, 국어과처럼 생각을 짜내 글을 써야 하지 않는데도 왜 학생들은 사회과 수업을 좋아하지 않는지 의문이 들었습니다.

그런데 이번에 수업 지도를 받으며 그 까닭을 알게 되었습니다. 바로 예습 과제의 부재 때문이었습니다. 외울 게 많고 교사의 일방적인 설명으로 진행되면 학생들이 흥미를 갖고 참여하지 않는다는 것입니다. 즉 학생들에게 예습 과제를 줌으로써 학생이 자주적으로 수업에 참여한다는 것을 알게 되었습니다.

예습 과제 또한 수업 구성의 한 부분이고 예습 과제를 내주기 위해서는 한 차시의 수업 구성뿐만 아니라 사회과 전체의 학습 흐름을 정확히 분석해야만 한다는 것을 알게 되었습니다. 그렇지만 생각 없이 내주는 예습 과제는 차라리 안 주는 것보다 못하다는 것 또한 알게 되었습니다.

수학과를 지도할 때에는 심화 학습을 할 때 이번 차시의 학습 내용에서 벗어난, 후속 학습의 내용을 다루지 않기 위해 수학과 전체의 내용을 조망하려는 의식을 가지고 있으나, 사회과에서는 그러지 못했습니다. 이렇게 사회과 학습 전체에 대한 조망 능력이 없었기 때문에 전시와 본시 학습을 연계성 있게 구성하지도 못했고 적절한 예습 과제도 부여하지 못했습니다.

이러한 교사의 모습은 마치 하나하나의 화분을 예쁘게 가꿀 줄만 알았지 그 화분들을 조화롭게 구성하여 멋진 정원을 만드는 능력이 부족한 조경사와 같았습니다.

그래서 이번 수업을 진행할 때에도 사실 지식 위주로 수업을 하고 말았습니다. 유의미한 사회과 수업을 위해서 교사는 낱낱의 사실도 정확하고 자세하게 알고 있어야 하지만 그것을 바탕으로 개념과 일반화 지식까지 이끌어 낼 수 있는 능력을 가져야 함을 알게 되었습니다.

아울러 사회과 수업에서는 지식뿐만 아니라 정보를 수집하거나 활용하는 등의 기능을 신장시키는 일도 대단히 중요한 지도 목표라는 것을 알게 되었습니다.

2014. 5. 14. 3교시. 여덟 번째 수업 참관

4학년 1학기, 사회과, 3. 민주주의와 주민 자치, 3/16차시, 교과서 122-125
학습 목표 : 지역의 문제와 해결 방법을 말할 수 있다.

▶ **수업 참관 후 칭찬 내용**

■ 구조화된 판서를 하기 위해 노력한 흔적이 엿보인다.

▶ **수업 참관 후 지도 내용**

■ 전시 상기 시 핵심을 짚어내지 못했다.

　전시 학습 내용은 '학급에서 일어나는 문제와 해결 방법 알아보기'이고, 본시 내용은 '지역에서 일어나는 문제와 해결 방법 알아보기'이다. 즉 '학급'이 '지역'으로 달라졌을 뿐 학습 방법은 같다. 그런데 전시 학습 상기가 다음과 같이 이루어졌다.

　교　지난 시간의 공부 내용을 떠올려 봅시다.(생각해 볼 시간 줌)
　　　학급에서 문제를 해결하는 방법은 무엇이었습니까?
　학　학급 회의를 열어서 해결했습니다.
　교　왜 학급 회의를 열어서 해결했습니까?
　학　～～ (학생이 길게 대답함)

　학생은 대답을 길게 했지만 해결 과정에 대한 내용이 언급되지 않았다. 학생의 부족한 대답에 대해서 교사도 '학급의 문제를 해결하려면 거쳐야 할 과정이 있음'을 분명하게 인지시키지 않았다.

　즉 전시 수업에서는 문제에 대한 해결 과정을 분명히 인지시켰어야 되고, 그 내용을 전시 학습을 상기할 때 다음과 같이 발문을 했더라면 본시와 자연스럽게 연계가 되었을 텐데, 그 점이 아쉬웠다.

교 지난 시간의 공부 내용을 떠올려 봅시다.(생각해 볼 시간 줌)

학급에서 문제를 해결하는 방법은 무엇이었습니까?

학 학급의 문제는 여러 과정을 거쳐서 해결했습니다.

교 어떤 과정을 거쳤습니까?

학 학급 회의 알리기, 학급 회의 열기, 친구들의 의견 발표하기, 대화하고 타협하여 의견 모으기, 회의 결정 내용 알리기, 실천하기의 과정을 거쳤습니다.

이때 교사는 학생들의 발표 내용을 칠판에 세로로 써 주고 오늘 학습할 내용은 '지역'에 대한 학습이므로 '학급'이나 '친구'가 쓰여 있는 부분을 지우고 그 자리에 '지역'과 '지역 주민'을 써 주면서 본시와 자연스럽게 연계시킬 수 있을 것이다.

■ 교과서에 의존하는 수업이 되었다.

교과서 122–123쪽은 지역에서 일어나는 공동의 문제를 알아보는 그림이 제시되어 있고, 124–125쪽은 문제를 해결하는 과정이 제시되어 있다.

교사는 122–123쪽을 30분간 할애해서 수업을 하였다. 제시된 그림을 보며 문제점을 찾는 데만 30분을 쓰고, 124–125쪽은 10분간 지도했다. 마지막에 교사는 핵심 내용을 판서하고 일반화 지식도 끌어내어 지도하였다. 그런데 이 일반화 지식이 수업 과정에 의거해 자연스럽게 도출되지 못했다. 그 이유는 교과서 중심으로 수업이 이루어졌기 때문이다.

학생들이 자신의 동네에서 문제점을 찾아보고 그 문제점을 어떻게 해결했는지를 탐구해 보는 과정이 있었더라면 이론으로만 아는 일반화 지식이 아니라 실제 상황을 통해서 알게 되는 살아있는 일반화 지식을 갖게 되었을 것이다.

■ 예습 과제가 없었다.

따라서 본 수업을 위해서는 다음과 같은 예습 과제를 주었어야 된다.

'우리 동네에서는 어떤 문제를 어떻게 해결했는가?' 부모님께 여쭈어 보고 문제와 해결 과정을 써 봅시다.

1. 동네에서 발생한 공동의 문제들은 무엇인가?
2. 그 문제들은 어떤 과정을 거쳐서 해결되었는가?

그런데 예습 과제가 없다 보니 교과서 위주의 수업을 하게 된 것이다. 이 차시야말로 학생들이 지역사회의 현상을 직접 접할 수 있는 주제인데 아쉬웠다.

■ 교사가 계속 이끌어가는 수업이 되었다.

예습 과제가 없다 보니 학생들에게 적절한 토의 활동 등을 지시할 수가 없는 관계로 교사-학생 간에 단편적으로 묻고 대답하는 형식으로 지루한 수업이 진행되었다. 교사는 말을 많이 하게 되고, 적극적인 학생들만 수업에 참여하게 된 것이다.

본 수업은 교과서는 15분 정도에 마치고 학생들이 준비한 예습 과제를 중심으로 수업이 진행되었으면 전체 학생들을 수업에 참여시킬 수 있고, 학생 중심의 탐구 학습, 흥미진진하고 적극적이며 자기주도적인 학습이 이루어졌을 것이다.

지도를 받고   지난 수업 지도를 통해 사회과에서 예습 과제의 필요성에 대해 알게 되었지만, 그것이 습관화가 되지 못하다 보니 이번 수업도 예습 과제 없이 이루어지게 되었습니다.

역시나 학생들 손에 예습한 자료가 없다 보니, 교사가 일방적으로 수

업을 이끌어 가는 양상을 보였습니다. 그러다 보니 적극적인 학생들 몇 몇만 수업에 참여하고 나머지 학생들은 수업에 대한 흥미를 잃은 채 수업 시간을 지루하게 보내고 말았습니다.

예습 과제를 내주는 습관이 형성되지 못한 탓도 있지만 전시 학습에서 핵심 내용을 바르게 짚어내지 못하니 본시와 연계성 있는 수업 구성을 하지도 못했고 적절한 예습 과제도 내주지 못하였습니다.

전시 학습 내용은 학급의 문제를 해결하는 과정이었는데, 이는 평소 학생들이 학급 회의를 해보기도 하고 국어과에서도 다루어진 내용이어서 그다지 중요하게 생각하지 않고 가볍게 언급하듯 지나갔습니다. 하지만 이 부분에 대한 내용이 꼼꼼히 짚어지고 학급을 우리 지역으로만 바꾸었다면 전시 내용과 본시 내용이 자연스레 연결이 되고 학생들에게 예습 과제를 내주기도 용이하였을 것이란 생각이 들었습니다.

그리고 지역의 문제 해결과 관련된 내용이 담긴 예습 과제를 줄 때도 우리 동네의 문제 해결 과정을 조사하도록 했다면 학생들이 실제 상황을 통해서 일반화 지식을 도출하기도 쉬웠을 것입니다. 더불어 자신들의 주변 상황을 조사하는 것이기 때문에 다수의 학생들이 수업에 흥미를 가지고 적극적으로 참여하게 되어 수업 집중도 향상에도 도움이 될 수 있겠다는 생각도 하게 되었습니다.

2014. 5. 23. 2교시. 아홉 번째 수업 참관

4학년 1학기, 사회과, 3. 민주주의와 주민 자치, 6/16차시, 교과서 134-137
학습 목표 : 대표를 뽑을 때 고려해야 할 기준과 선거 원칙을 설명할 수 있다.

▶ 수업 참관 후 칭찬 내용

■ 판서할 내용을 워드로 미리 작성해서 수업에 활용한 점

　(안타깝게도 '기준'은 미리 준비를 했으나 칠판에 전혀 쓰지 않았다. '선거 원칙'의 판서 양이 많았기 때문이라고 말함)

■ 적정한 예습 과제를 제시해 주었기 때문에 학생들의 수업 참여도가 높고 활발했다.

▶ 수업 참관 후 지도 내용

■ 전시 상기를 할 때 본시와 직접 관련 있는 내용에 대해서 확인하지 않았다.

　전시 학습 내용은 '선거가 필요한 까닭', '올바른 대표 선출의 중요성', '선거 과정'이었다. 교사는 전시상기 시간에 '선거 과정'만 확인했다.

　이 세 가지 중에 본시와 직접적으로 관련이 있는 것은 '올바른 대표 선출의 중요성'이다. 그러므로 도입 과정에서는 이 부분에 대해서 확인을 하고 이 시간의 학습인 '대표를 뽑는 기준'으로 자연스럽게 연결시켰더라면 좋았겠다.

■ 활동 두 가지 중에서 앞의 활동인 '대표를 뽑을 때 고려해야 될 기준'을 입으로만 가르쳤다.

　교사는 판서를 준비했는데, 두 번째 활동인 '선거 원칙'의 판서 양이 많다고 생각해서 '기준'을 공부할 때는 전혀 판서를 하지 않고 입으로만 수업을 했다. 첫 번째 활동에서도 중요 내용을 판서해 가면서 수업을 진행해야 된다.

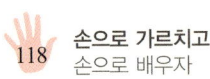

134쪽의 말풍선에서 추출된 내용을 학생들이 발표를 하면 교사는 반드시 받아 적어야 된다. 그리고 자세한 설명이 필요하다. 즉 성실성이나 책임감이 있어도 리더십이 없으면 대표가 될 수 있을 것인지, 리더십은 있지만 실천 가능한 것이 아니고 허황된 내용을 말하고 있지는 않은지, 등에 대해서 예를 들어 설명해 줘야 된다. 그리고 그 외에도 고려해야 될 것은 무엇인지 생각해 보게 하고 발표를 시킬 때는 이유도 말해 보게 해야 된다. 아울러 이때 3월 초에 전교어린이회장을 뽑을 때 자신은 어떤 점을 고려했었는지 상기해 볼 기회를 주면 이론과 실제가 자연스럽게 연결되어 수업 효과가 컸을 것이다.

■ 판서 내용이 다소 장황했다.

교사는 판서를 준비했지만 두 번째 활동에 대한 판서 내용이 장황하다 보니까 첫 번째 활동의 판서를 생략한 것이다. 따라서 아래의 내용처럼 간략히 줄이면 칠판에 충분히 판서할 수 있을 것이고 학생들이 기억하기도 좋을 것이다.

> 1. 대표를 뽑을 때 고려해야 할 기준
>   – 성실성, 책임감, 실천가능성, 리더십
>   – 공약, 정당, 경력, 청렴도, 사회공헌도 등
>   ※ 공약 : 국가의 예산을 활용하는 공적인 약속
>
> 2. 선거 원칙
>   – 보통 선거 : 일정한 나이이면 누구나
>   – 평등 선거 : 1표씩만
>   – 직접 선거 : 자신만
>   – 비밀 선거 : 비밀 보장

■실생활과 연계시키지 못했고, 가치·태도에 대한 지도도 빠졌다.

사회과가 가르치기도 어렵고 배우기도 어렵다고 한다. 그런데 실제로는 학생들에게 실생활과 연관지어서 과제를 주고 생각해 보게 하면 학생들도 쉽게 배우고 훨씬 흥미를 갖게 될 것이다.

본시에서는 지난 3월에 전교어린이회장을 뽑았던 기억을 되살려 선거권자로서 투표를 할 때 어떤 기준을 고려했었는지 생각해 보게 하고, 내년(5학년)에는 전교어린이부회장에 출마할 수 있는 피선거권이 있으므로 지금부터 내게 부족한 점이 무엇인지 생각하고 보완해 보려는 태도를 갖도록 해야 된다. 자연스럽게 가치·태도에 대해서도 지도해야 되기 때문이다. 지식만 가르치고 끝나면 안 된다.

지도를 받고　　예습 과제의 필요성을 잘 알게 되어서 학생들에게 학습 내용과 연관된 예습 과제를 제시해 주기도 했지만 예습 과제만 낸다고 해서 수업이 잘 이루어지는 것은 아니었습니다.

먼저 이번 수업에서도 전시와 연계성 있는 수업 구성을 하지 못하였습니다. 전시에서 핵심 내용을 뽑아 잘 가르쳤다 하더라고 그것을 본시의 내용과 연계시켜 지도하면 더욱 자연스럽고 학생들도 이해하기 쉬웠을 것이란 생각이 들었습니다.

원숭이, 사과, 바나나, 기차를 각각 낱개의 개념으로 생각하면 외우기 어렵지만 연상기억법을 활용하여 '원숭이 엉덩이는 빨갛고, 빨가면 사과이고, 사과는 맛있고, 맛있으면 바나나고, 바나나는 길어서 기차'라고 외우면 쉽게 연상할 수 있습니다. 이처럼 전시 학습에서 올바른 대표 선출의 필요성을 공부했으므로 '올바른 대표를 뽑아야 지역이 더욱 발전할 수 있기 때문에 후보자의 공약을 잘 살펴야하고, 지역의 대표를 잘못

뽑으면 갈등이 생길 수 있기 때문에 후보자의 청렴도 등을 잘 살펴야 한다.'라고 지도하였다면 학생들이 대표를 뽑는 기준을 이해하기 쉬웠을 것 같다는 생각이 들었습니다.

그리고 이번 수업에서는 선거 원칙만을 중요시 여기고 대표를 뽑는 기준에 대한 의식은 없다 보니, 판서의 내용이 한쪽에 치우치게 되었습니다. 대표를 뽑는 기준은 가치ㆍ태도와 관련되어 있고, 선거 원칙은 지식과 관련된 내용이라고 생각됩니다. 보통 지식에 관련된 내용만 중요시 여기고 가치ㆍ태도와 관련된 내용은 지나가듯 잠깐 언급해버리고 말지만, 인성이 겸비된 창의적 인재를 기르고자 하는 요즘의 교육 방침에 부합하기 위해선 대표를 뽑는 기준도 학생들이 명확히 인식해야 할 부분이었습니다.

마지막으로 사회과는 사회 현상을 공부하는 것이기 때문에, 사회 지식을 단순히 말로만 전달하는 것이 아니라 학생들의 경험에서 이끌어 내는 것이 중요하다는 것을 알게 되었습니다.

교사가 조금만 고민해 보면 해당 차시의 수업 내용과 관련된 학생들의 다양한 경험을 찾아낼 수 있을 것이라고 생각합니다. 따라서 이번 수업에서도 학생들이 전교회장을 선출했던 경험을 떠올리게 했다면 학생들의 흥미와 수업 집중도가 높아졌을 것이라는 생각이 들었고, 아울러 지식뿐만 아니라 가치ㆍ태도에 대한 목표도 교사가 의식하고 지도해야 된다는 것을 알게 되었습니다.

12

방법을 가르치고
반복 지도하는가?

교사 스스로 생각하기에 자신은 방법을 제대로 가르치는 교사인지,
방법은 전혀 가르쳐 주지 않고
"잘 쓰자.", "잘 풀자.", "열심히 써."라는 말만 남발하는지
스스로 가늠해 볼 일이다.

수업을 참관해 보면 40분 동안 교사가 뭔가 가르치기는 했지만 교사가 꼼꼼히 설명을 해주지 않고 넘어가기 때문에 학생들이 잘 모르는 경우가 꽤 있다. 특히 저학년의 경우에 오히려 설명이 빠지는 경우가 있다. 저학년의 학습 내용은 교사들이 보기에는 아주 쉬워서 자칫 지도 대상이 어린 학생들임을 잊어버리는 탓이 아닌가 생각한다.

방법을 가르치는 예를 들어보자.
1학년 2학기 수학과, 3. 덧셈과 뺄셈, 3/16차시(84–85쪽)

학습 목표에 쓴 '몇십 몇'과 '몇'이 무슨 뜻인지 명확하게 가르치기

'몇십 몇'은 24, 35, 67 등이고 '몇'은 3, 4, 7, 8 등이라는 것을 명확히 가르치지 않고 수업을 하면 학생들은 '몇십 몇'과 '몇'이 칠판에 쓰여 있기는 한데 무슨 뜻인지를 몰라 수업시간 내내 답답한 장애로 받아들인다.

84쪽, 활동 1의 '그림으로 알아보기'에서 지도되어야 될 방법

: 실물화상기에 그림을 띄우고 맨 윗줄을 같이 세어 본 다음 10단위로 읽어 내려가는 방법을 지도해야 된다. 그리고 20까지 센 다음에 지도서에 나온 방법대로 지도하면 되고, 답이 27개가 나왔을 때 교사는 다시 발문해 주어야 된다. "당근은 몇십 몇이고 양배추는 몇입니까? 그리고 모든 합은 몇십 몇입니까?" 이때 이 발문을 함으로써 앞에서 지도한 '몇십 몇'과 '몇'을 다시 확인하며 확실하게 지도할 수 있으므로 반복 발문을 해주는 것이다.

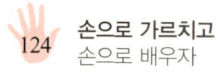

나르고 있는 먹이의 수를 덧셈식으로 나타낼 때

: 대부분의 학생들은 22+5=27로 쓴다. 그렇더라도 교사는 5+22=27임을 써 주며 양배추를 먼저 쓰고 당근을 써도 답은 같음을 가르쳐야 된다. 이때 활동 1의 그림을 다시 보며 설명이 필요하다. 여기서부터 합은 순서가 바뀌어도 답이 같다는 것을 알게 해 줘야 85쪽의 마무리 문제를 쉽게 가르칠 수 있다.

85쪽, 활동 2의 '수 모형으로 알아보기'에서 지도되어야 될 방법

: 이 활동을 할 때 일견 쉬워 보이지만 교사의 설명 없이 수 모형을 놓게 하면 이해가 더딘 학생들은 손을 놓게 된다. 반드시 전체 학생을 대상으로 수 모형을 놓는 방법에 대한 지도가 필요하다.

22+5를 세로로 계산하는 방법

: 식으로 알아보기를 할 때, 구체적인 지도가 필요하다. 구체적인 지도가 되지 않으면 ①, ②, ③번에 답을 똑같이 달아놓는다.

$$① \quad \begin{array}{r} 22 \\ + \ 5 \\ \hline \end{array} \Rightarrow ② \quad \begin{array}{r} 22 \\ + \ 5 \\ \hline 7 \end{array} \Rightarrow ③ \quad \begin{array}{r} 22 \\ + \ 5 \\ \hline 27 \end{array}$$

그러므로 위와 같이 세 개의 식에 각각 번호를 붙여서 다음과 같이 지도하면 되겠다.

①번은 식만 씁니다. (당근과 양배추가 몇 개인지 더하는 식입니다.)
②번은 몇 개끼리만 더해서 답을 씁니다. 몇 개는 낱개와 같고, 일의 자리 계산입니다.
③번은 먼저 ②번에서 답이 나온 일의 자리 답을 먼저 써 줍니다. 그리고 몇십끼리 더해서 답을 씁니다. 몇십은 십 모형과 같고, 십의 자리 계산입니다.

위의 ①, ②, ③번은 교사가 먼저 시범을 보이고 학생들이 입으로 여러 번 말해 보게 해 줘야 된다.

아울러 ③번의 답, 즉 십의 자리에 2를 쓴 것은 이유가 무엇인지 발문을 한 다음, 양배추는 몇십(십 모형)이 없으니까 이 자리가 비어 있는 것이라는 것을 알게 해 줘야 된다. 형식화하는 과정에서 왜 이것을 이렇게 쓰는지 다시 활동 2의 수 모형 그림을 보면서 근거와 관련지어서 알게 해야지, 무조건적으로 합하기만 시키면 안 된다고 본다.

85쪽 마무리 문제를 풀 때의 지도 방법

: 이 문제들을 풀 때 교사의 설명 없이 각자 해 보게 하면 네 문제 중 ②번과 ④번 두 문제는 학생들이 잘 모른다. 활동 1의 세 번째 문제를 다룰 때 원리를 지도했으므로 여기서 다시 한 번 원리와 방법을 설명해 주고 풀게 해야 된다.

$$
① \quad
\begin{array}{r}
52 \\
+ \quad 4 \\
\hline
\end{array}
\qquad
② \quad
\begin{array}{r}
6 \\
+ \quad 62 \\
\hline
\end{array}
\qquad
\begin{array}{l}
③ \ 35 + 4 = \\[4pt]
④ \ 5 + 42 =
\end{array}
$$

본시 수업을 할 때, 적어도 위의 여섯 가지에 대해서는 구체적으로 지도하거나 방법에 대한 설명이 필요하다. 물론 설명을 할 때, 학생들이

손으로 가르치고
손으로 배우자

생각해 보게 하지 않고 교사가 무조건적으로 설명을 하기보다는 설명하기 전에 생각해 볼 시간을 주고 발문도 한 다음 전체 학생이 다 알 수 있도록 지도해야 된다는 뜻이다.

아울러 오늘 가르친 내용을 학생들이 어떻게라도 오늘 알게 하려는 교사의 자세가 필요하다. 그래서 필요한 것이 반복 지도다. 오늘 배운 문제를 10문제 정도 학습지를 만들어서 과제로 주면 좋을 것이다.

방법 지도에 대해서 수학과를 예로 들었는데, 수학과뿐만 아니라 국어과의 쓰기 같은 경우 반드시 방법에 대한 지도가 필요하다. 쓰기 교과서에서 개요 짜기를 제시하지 않고 꽤 긴 글쓰기를 요구하는 경우, 앞부분에서 부분적으로 방법에 대한 지도가 되었다고 할지라도 개요 짜기를 먼저 시켜서 방향을 제대로 잡았는지 피드백 해 주고 쓰게 해야 된다. 방법을 지도하지 않고 쓰게 하면 학생들의 글쓰기 실력은 향상되지 않는다.

국어과 쓰기의 경우에는 어떻게 반복하게 해줄까? 예를 들어서 교실에서 편지 쓰기에 대해서 배우고 글도 직접 써 보았다면, 당일 일기 제목으로 다시 한 번 대상을 정해주고 편지글을 써 볼 수 있는 기회를 줄 수 있다.

음악과의 경우라면 리코더 연주 방법을 가르친 후 과제로 곡을 주어보고, 연속적으로 1, 2주 정도 과제를 주어 반복하게 해 주어야 부는 방법을 익히게 될 것이라고 본다.

교사 스스로 생각하기에 자신은 방법을 제대로 가르치는 교사인지, 방법은 전혀 가르쳐 주지 않고 "잘 쓰자.", "잘 풀자.", "열심히 써."라는 말만 남발하는지 스스로 가늠해 볼 일이다.

2014. 6. 10. 2교시. 열 번째 수업 참관

4학년 1학기, 수학과, 5. 혼합 계산, 4/13차시, 교과서 154-155
학습 목표 : 덧셈, 뺄셈, 곱셈이 섞여 있는 식을 계산할 수 있다.

▶ 수업 참관 후 칭찬 내용

■ 교사의 자세가 안정적이고, 학생들이 흐트러짐 없이 교사에게 집중했다.

■ 우수학생을 배려하기 위해 심화 학습지를 준비해서 활용했다.

▶ 수업 참관 후 지도 내용

■ '생각열기'에서 학습문제의 개요를 판서해야 된다.

　스토리텔링이나 생각열기는 문장으로 되어 있으므로 스토리텔링을 듣거나 생각열기 내용을 읽어 본 뒤에는 학생들과 함께 학습문제의 개요를 칠판에 판서해야 된다. 그런데 교사는 스토리텔링을 한 뒤에 이러한 개요 정리를 하면서 학생들에게 질문 없이 교사가 주도적으로 혹은 일방적으로 써 갔다. 반드시 학생들에게 생각해 보게 하고 합의 과정을 거쳐서 판서해야 된다. 이렇게 3차시 정도까지만 하고 4차시부터는 학생들 스스로 문제의 개요를 잡아보게 하면 학생들이 자연스럽게 스스로 할 줄 알게 될 것이다. 이것이 학습하는 방법을 학습하는 것이 될 것이다.

■ '생각열기' 맨 끝의 문제를 소홀히 다루었다.

　본 단원에서는 '생각열기' 맨 끝의 문제에서 '~방법을 이야기해 보자.'는 문제를 제시하고 있다. 이 문제는 각자 생각해서 써보게 하고 짝과 의견을 나눠보게 해야 된다. 그런데 교사는 이 문제를 생각해 보고 쓰게 하기는 했지만 이야기를 해 보게 하거나 학생들이 자신이 쓴 답이 맞는지 틀리는지를

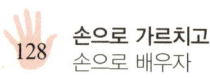

모르는 채로 다음 과정으로 넘어간 것이다.

　이 문제는 다음에 구체적으로 문제를 푸는 활동을 하기 전에 직관적으로 방법만 의견을 나눠보는 것인데, 이 부분에서 그냥 넘어가면 다음에 하는 활동의 문제, 즉 식이 왜 도출되었는지를 모르고 단순하게 식의 답 내는 일에만 집중을 하게 된다. 그러므로 이 문제에서 분명하게 방법을 규정하고 교사는 칠판에 그 방법을 판서한 후에 다음 활동의 식이 나올 때 판서한 문장에 비추어가며 식을 유도해야 된다.

■ 두 식을 비교해 보는 문제는 어디까지 가르쳐야 되는가?

　두 식을 비교해 보는 문제는 '생각열기'에서부터 '활동1'을 거쳐 '계산의 순서'까지 배우고 난 뒤에 도출된 식 '60−(11+13)×2'와 '60−11+13×2'를 비교해 보는 문제다. 여기서는 두 식의 계산 순서를 비교해 보고, 계산 순서에 따라 계산 결과가 어떻게 나오는지 이야기해 보도록 되어 있다. 그런데 여기에 덧붙여서 '60−11+13×2'의 식의 경우에는 문제를 만들어보게 하는 것도 좋을 것 같다. 그러면 전혀 다른 문제가 된다는 것을 알게 하는 데 도움이 될 것이다.

■ 마무리 문제에서 방법을 모르는 학생들이 많았다.

　마무리 문제는 식을 세우고 계산하는 문제인데, 몇 명을 제외하고는 상당히 어려워했다. 이런 문제는 이미 2차시에서부터 마무리 문제로 주어졌는데, 학생들은 훈련이 되지 않아서 해결이 되지 않고 있는 것으로 보였다. 즉 푸는 방법에 대한 지도가 미흡했다.

　이런 경우에는 수업 시간만으로는 부족하므로 비슷한 유형의 문제 학습지를 만들어서 반복적으로 풀 수 있는 기회를 주어야 된다. 특히 이 문제를 지도할 때는 최종적으로 구해야 되는 것이 무엇인지 끝부분의 '합, 차, 곱, 몫'의 용어에 유의해서 식을 만들어보는 활동을 해 보게 해야 된다.

수업 지도를 받은 후 학생들에게 발문을 하기 전 생각할 시간을 주어야 학생들이 답변을 잘할 수 있다는 것을 알게 되었습니다. 그것은 학생들이 자신의 생각을 정리하고 다듬을 기회를 주기 때문에 가능한 것이었습니다. 이처럼 학생들에게 활동을 제시할 때에도 반드시 그전에 방법을 교사가 안내하여야 학생들이 과제를 잘 수행할 수 있다는 것을 알게 되었습니다. 그런데 이 부분에 대한 의식이 없다 보니 이번 수업에서도 미흡한 점들이 많이 있었습니다.

방법에 대한 언급은 수업의 도입에서부터 존재하지 않았습니다. 우선 생각열기 문제의 개요를 정리할 때 학생들에게 생각할 기회를 주지 않고 교사가 바로 개요를 적어 나갔습니다. 이 부분에서는 발문 전에 학생들에게 생각할 기회를 줘야 한다는 원칙도 지키지 않았을 뿐더러, 이 때문에 문제에서 개요를 파악하는 방법을 학생들이 알지 못했던 것입니다.

교사가 학생들에게 문제의 개요를 생각해 볼 시간을 주고 발문을 하고 이것을 칠판에 정리해 나갔다면 학생들은 자연스럽게 생각열기 문장에서 문제의 개요를 파악하는 방법을 알게 되었을 것입니다.

방법을 이야기해 보는 활동이 명시적으로 교과서에 나와 있었지만 그냥 입으로 이야기하고 머리로 이해하고 있으면 된다는 안일한 생각을 하였습니다. 이 부분에서 방법에 대해 구체적으로 탐구하고 이를 문장으로 완벽하게 쓸 수 있어야 비로소 기계적 문제 해결에서 벗어날 수 있다는 것을 알게 되었습니다.

그리고 방법은 한번 지도하였다고 해서 끝나는 것이 아니라는 것도 알게 되었습니다. 한 단원을 마칠 때까지 매 차시마다 방법을 반복하여 지도하여야 학생이 알게 되고 이를 바탕으로 학생들이 자기주도적인 학습을 할 수 있다는 것을 알게 되었습니다.

13

오르간이나
장구를 치는가?

국악 시간에도 기본인 장구를 교사가 자신 있게 착착 치면서
이끌어야 소리가 살아나고 흥이 생기고 신명도 난다.
이때에도 소리가 잘 안 되는 부분은 반복해서
교사의 장구 반주와 육성으로 힘 있게 당겨주어야 된다.

금년 4월에 세월호 참사라는 정말 가슴 아픈 일이 있었다. 뉴스에서 해경 중 3분의 1이 수영을 못한다고 했다. 국민들이 그 뉴스를 보고 대부분 기가 막힌다고 말했다. 그러니 어떻게 그들이 배 속으로 선뜻 구조를 하러 들어갈 수가 있었겠느냐고.

그런데 어찌 해경만의 문제인가? 그때 나는 선생님들에게 '수영 못하는 해경과 오르간 못 치는 교사가 뭐가 다른가?' 하고 물었다. 주사를 못 놓는 사람이 간호사를 할 수 있으며, 면도를 제대로 못하는 사람이 이발사를 할 수 있겠는가? 그러면 그 병원이나 그 이발소에는 사람들의 발길이 뚝 끊어질 것이다. 그래서 문을 닫아야 된다. 그렇지만 학교는 교사가 오르간을 못 쳐도 장구를 못 쳐도 아무런 저항이 없이 근무가 된다.

교사가 되려면 많은 준비가 필요한 것 같다. 교대 4년을 다니는 동안 피아노 학원에도 다니고, 장구도 배우고, 그리기도 배우고, 서예 등도 배워야 된다고 생각한다. 또 운동도 무엇이든 한 가지쯤은 학생들 앞에서 자랑할 수 있어야 된다고 생각한다. 그리고 책도 많이 읽어야 된다. 우리 역사에 대해서도 지리에 대해서도 철학이나 인간의 발달 단계 및 심리에 대해서도 많이 알아야 된다. 그런데 이런 것들은 짧은 시간에 할 수 있는 것들이 아니기 때문에 교대에 막 들어가면 계획적으로 배우고 공부해야 된다고 생각한다.

발령을 받고 나면 날마다 교재 연구를 해야 되고, 등등 또 다른 일들도 많으므로 따로 시간을 내서 이런 기능들을 익히고 공부를 하기에는 시간이 턱없이 부족하기 때문이다.

사실 오르간을 못 쳐도 장구를 못 쳐도 음악 시간은 그냥 넘어간다. 현재 학교에 따라서는 오르간 없이 음악 수업이 진행되는 학교가 태반이고, 오히려 오르간을 치면서 음악 수업을 하는 것이 진풍경이 되어버

렸다.

내가 교사를 하던 시절에는 오르간이 없으면 음악 수업을 못하는 것으로 알고 있었다. 그 시절에는 교실마다 오르간이 다 있었던 것이 아니었지만 어떻게든 오르간을 가지고 음악 수업을 했다. 그래서 음악 시간만 되면 이 교실에서 저 교실로, 저 교실에서 이 교실로 무거운 오르간을 낑낑대며 옮겨서 수업을 하곤 했었다.

그래도 학년마다 한 대 이상은 다 있던 오르간이 언제부터인지 학교마다 오르간을 볼 수 없게 되었다. 오르간이 없어진 것은 아이스크림 같은 교수 보조 프로그램을 이용하기 시작하면서부터인 것 같다. 이런 프로그램을 틀면 다 알아서 기계적으로 반주를 넣어주니까. 본 교도 내가 2010년 9월에 발령을 받아 왔을 때 오르간 소리가 잘 들리지 않았다. 교실마다 오르간이 있는 것도 아니고. 그래서 처음에는 오르간을 옮겨서 사용하십사 말씀드렸고, 2년에 걸쳐서 모든 교실에 오르간을 넣어드렸다.

그러면 교사가 오르간을 치면서 하는 음악 수업과 프로그램을 틀어주고 보면서 하는 수업이 무엇이 다른가? 새로운 곡의 가창 지도를 할 때는 학생들이 음정을 못 맞추는 경우가 많다. 이럴 때 교사가 그 부분을 오르간으로 쳐 주고 교사의 육성을 같이 들려주며 부분 부분을 반복적으로 지도해야 음정을 쉽게 잡을 수 있다. 그런데 교사가 오르간을 못 치면 이런 경우에 어떻게 되는가? 지도가 제대로 되지 않는다. 학생들은 텔레비전 모니터에 뜨는 음악과 보조 프로그램의 영상을 보며 대강 따라 부르다가 하나의 곡을 제대로 익히지 못한 상태에서 수업은 끝난다. 그래서 학생들은 교과서에 나오는 동요를 음정 맞춰 제대로 부르지를 못하는 것이다.

가창을 음정 맞춰 제대로 부르게 가르치고, 3학년 이상이면 배운 곡을 리코더로도 연주해 보게 해 주어서 학생들이 동요를 부르는 즐거움, 동요를 연주하는 즐거움을 느끼게 해 줘보면 학생들의 인성 교육에도 얼마나 좋을까? 그리고 이렇게 하는 수업이 바로 교사가 주도적으로 하는 수업일 것이다.

국악 시간에도 기본인 장구를 교사가 자신 있게 착착 치면서 이끌어야 소리가 살아나고, 흥이 생기고, 신명도 나는 것이다. 이때도 소리가 잘 안 되는 부분은 교사가 장구 반주와 육성으로 반복해서 힘 있게 당겨주어야 되는 것이다.

본 교에도 오르간을 못 치는 교사가 한 분 있다. 전혀 못 치는 것은 아니지만 오르간이 손에 익지 않으면 학생들 앞에서 오르간을 치며 수업을 하지 못한다. 즉 본 교 교사의 오르간 치는 실력이 그런 상태라는 뜻이다. 여름방학 동안에 어떻게든 연습을 하시고 2학기부터는 직접 오르간을 치면서 수업하시는 모습을 보여 달라고 말씀드렸다. 아울러 2학기에는 모든 학급의 음악 시간을 참관하겠다고 말씀드렸다.

본 교 교사들은 9, 10월 중에 2학기 수업 연구를 모두 마쳤는데, 거기에 더해서 11월에는 또 음악 수업을 모두 한 시간씩 공개해 주셨다. 열심히 해 주신 본 교 선생님들께 죄송하고 감사하다.

나의 바람은 나와 함께 근무한 우리 선생님들이 이후 어느 학교로 가시더라도, 오르간이나 장구를 치며 음악 수업을 했으면 하는 것이다. 특히 누군가 종용을 하지 않더라도 교사를 마칠 때까지 그렇게 해 주시면 좋겠다는 것이다.

14

분명한 발음으로 내용을 전달하며
말투는 유연한가?

우리가 흔히 수업을 잘한다고 말하는 교사는
발음이 정확하고 말투에 유연성이 있고 온기가 있으며 군소리를 쓰지 않는다.
자신의 불분명한 발음이나 유연하지 못하고
온기 없는 말하기, 혹은 시도 때도 없이 쓰는 군소리 때문에
학생들의 학습에 도움이 되기는커녕 장애가 되지는 않는지,
교사 자신의 말하기 습관을 스스로 가늠해 봐야 될 일이다.

목소리가 좋은 교사가 담임을 하면 그 반 학생들은 행복하다. 초등학교는 하루에 너덧 시간 혹은 예닐곱 시간씩을 담임교사와 같이 있어야 되는데, 교사의 목소리가 좋지 않으면 학생들이 꽤 많은 스트레스를 받을 것이기 때문이다. 그런데 그간 많은 선생님들의 수업을 참관했지만 '목소리가 정말 아니군!' 하고 생각하게 한 선생님은 거의 없었던 것 같다.

그런데 사실 목소리 못지않게 중요한 것은 말하는 내용과 발음이라고 본다. 수업을 참관해 보면 교사들이 지금 무슨 말을 하고 있는지 어른인 나도 잘 이해가 안 될 때가 있다. 즉 지금 학생들에게 무엇을 설명하고 지시하는지, 말하는 핵심이 무엇인지 감을 잡기가 어려운 경우가 있다는 뜻이다. '어른도 잘 못 알아듣는데 그러면 어린 학생들은 지금 교사가 하는 말에서 무엇을 감지할까?' 하고 답답해지는 경우가 종종 있다.

그럼 어느 때 교사들은 이런 모습을 보이게 되는 걸까? 이런 경우(교사가 하는 말을 학생들이 잘 못 알아듣는 경우)는 교재 연구가 되지 않았을 때라고 본다. 교사가 수업할 준비가 되지 않은 채로 학생들 앞에 서면 그 말에 자신감이 없어서 지금 무엇을 설명하거나 안내하는지 알 수가 없게 말하고, 자신감이 없으므로 그 말에 당당함이 없어서 발음 역시 불분명해지기 마련이다. 이런 경우에는 아까운 시간만 축내는 결과를 가져온다. 학생들이 이해할 수 없는 밀도 낮은 수업이 진행되니까.

그래서 교사는 교재 연구를 충분히 하고 학생들 앞에 서야 된다. 그러면 목소리에 힘이 생기고 불필요한 말을 하지 않으며 직선거리로 수업 목표까지 도달해 갈 수 있는 것이다.

직선거리로 수업을 한다는 것은 이런 의미이다. 문장에 단문과 복문이 있다. 초등학교 학생들에게 하는 말은 가능하면 단문을 쓰는 게 좋으리라고 본다. 그런데 주어를 말하고 술어가 나오기까지 그 사이에 계속해

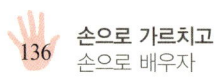

서 여러 개의 절이 들어가는 복문을 구사해 버릇하면, 학생들이 이해를 못하게 된다. 복문은 까딱하면 나중에 어떤 술어로 맺어야 될지도 모르는 채로 비문의 문장이 되어버리는 결과가 온다. 발음도 불분명하고 주어와 술어 사이가 간단명료하지도 않고 계속 알 수 없는 절을 늘어놓기보다는 선명한 단문 형식의 수업이 되어야 학생들이 이해할 수 있다는 뜻이다. 교재 연구가 안 되면 교사의 머릿속이 정리가 안 되어 간단명료한 문장이 나오지를 않게 되는 것이다.

다음으로 교사가 교재 연구를 충분히 했지만 말투에 유연함이 없어서 학생들이 선생님에 대해 불만스러운 표정을 짓는 경우가 종종 있다. 교사가 설명을 할 때는 학생들과 눈을 맞추며(학생들의 이해 여부를 파악해 가며) 말의 속도, 고저, 강약이 고려되어야 한다. 그런데 학생들의 이해 여부는 상관없이 속도가 너무 빠르거나 고저나 강약이 없이 기계적인 말투를 쓰거나, 혹은 교실보다 좀 넓은 공간에서나 쓸 법한 이동마이크를 쓰는 것 같은 말투 등이 이런 경우다.

그리고 더 중요한 것은 교사의 말투에 온기가 있어야 된다. 교사가 말을 하면 학생들이 듣고 고개를 끄덕거릴 수도 있고, 교사를 보며 미소를 지을 수도 있고, 질문을 할 수도 있어야 된다. 즉 앞에서 말한 대로 교사의 말투가 속도나 고저, 강약이 적절해야 되면서도 아울러 교사의 말에서 다정함, 따뜻함, 상냥함이 묻어나야 된다는 말이다. 교사의 말이 너무 서늘하고 딱딱하면, 학생들은 이해가 안 되는데도 감히 질문을 할 수가 없다. 만일 이런 분위기에서 학생들이 1년을 지내고 나면 어떻게 될까? 섬뜩해지지 않는가.

우리가 흔히 수업을 잘한다고 말하는 교사는 발음이 정확하고 말투에 유연성이 있고 온기가 있으며 군소리를 쓰지 않는다. 자신의 불분명한 발음이나 유연하지 못하고 온기 없는 말하기, 혹은 시도 때도 없이 쓰는 군소리 때문에 학생들의 학습에 도움이 되기는커녕 장애가 되지는 않는지, 교사 자신의 말하기 습관을 스스로 가늠해 봐야 될 일이다.

사족을 달아보자.

교장을 하게 되면, 특히 본 교는 소규모여서 전교생에게 말할 기회가 많다. 월요일 아침에 하는 훈화 시간, 교내에서 자체 행사를 하는 시간, 그때마다 적절한 말을 하기 위해서는 상당한 준비가 필요하다. 특히 훈화를 할 때는 거의 대부분 훈화 앞머리에 비유적인 이야기를 끌어와서 흥미와 이해를 돕는다. 그래서 학생들은 월요일이 되어 교장의 훈화를 들을 때면 '오늘은 무슨 이야기를 하실까?' 하고 궁금해하곤 한다. 궁금해한다는 것은 교장의 훈화를 들을 준비가 되어 있다는 뜻이고, 더불어 훈화의 효과도 있다는 말이다.

그런데 때때로 전교생 앞에 교사들이 서서 말을 할 때가 있다. 행사 사회를 본다거나 등의 공적인 일도 있고, 학교에 전입을 해오거나 전출을 가거나 하는 경우에는 전교생 및 전교직원 앞에서 말을 하게 되어 있다.

이때 교사들의 말하기 능력이 그대로 노출이 된다. 교사들이 말하는 내용이나 발음, 시선, 표정 등을 보면 교실에서 학생들에게 어떻게 말하기를 실천하고 있는지, 혹은 실천해갈지 대강 알 수가 있다.

특히 교사들이 전출해 갈 경우 이임 인사를 할 때 학생들에게도 직원들에게도 그간 참 고마웠다거나, 이런 점은 죄송했다거나 이 두 가지가 기본이 되어야 된다고 생각한다. 우리가 살아가면서 사람과 사람 사이에 말을 할 때 청산유수로 말을 잘할지라도 고마움이나 죄송함이 빠진 말은 잘하는 말이라고 할 수가 없다.

우리는 이미 초등학교 때 1학년 때부터 6학년 때까지 「말하기 · 듣기」 공부를 교과 공부로 6년간이나 했다. 그 속에는 다양한 말하기와 듣기 공부가 있다. 그런데 정작 말하기나 듣기가 실제의 생활에서는 잘 안 된다. 「읽기」나 「쓰기」는 교사에 따라서 철저하게 반복 지도가 이루어지기도 하는데, 교과에서 가르치는 말하기나 듣기 지도는 그때뿐이고 반복이나 피드백이 잘 안 되고 있는 편이다.

교실에서 학생들이 누구에게 욕을 했다거나 큰소리로 싸웠다거나 별명을 불렀다거나 했을 경우 생활지도 차원에서의 지도가 이루어지지 교과 공부로서 반복 지도가 되지는 않는다는 뜻이다. 그래서인지도 모르겠다. 말하고 듣는 것이 실제 생활에서는 참 어렵다. 그래서 학생들한테도 초등학교 시절부터 교과로서의 말하기나 듣기는 물론이지만 고마울 때 고맙다고, 죄송할 때 죄송하다고, 미안할 때 미안하다는 말을 잘 쓸 수 있도록 가르쳐야 될 것 같다. 교사들이 먼저 실천하면서.

15

서서
수업하는가?

서서 수업을 하는 교사는
칠판에 판서를 잘하는 교사이고,
궤간 순시를 잘하는 교사이며,
손을 잘 써서 수업을 하는 교사이고,
아울러 학생을 잘 장악하는 교사이다.

초, 중, 고, 대학까지 볼 때 앉아서 수업을 하는 경우는 초등학교가 많다. 중학교나 고등학교 선생님들이 앉아서 수업을 하는 경우는 거의 없다. 대학에서도 교수들이 앉아서 강의를 하지 않는다.

그런데 왜 초등학교 교사들은 앉아서 수업을 하는 것일까? 물론 초등학교 교사도 수업 시간에 몸이 아프지 않는 한 절대로 앉아서 수업을 하지 않는 교사가 훨씬 많다고 본다.

그런데 어떤 교사들은 앉아서 수업을 하는 것이 몸에 밴 교사들이 있다. 그것은 교직 초기에 수업 습관을 잘못 들였기 때문에 앉아서 수업을 한다고 생각한다.

본 교에서는 2월말에 모든 교사들을 모시고 학교경영 설명회를 한다. 그때 여러 가지 내용을 말씀드리지만 특히 수업 시간에 앉아서 수업을 하지 마십사 말씀을 드린다. 그러면 서서 수업을 하는 것과 앉아서 수업을 하는 것은 무엇이 다른가?

서서 수업을 하는 교사는 칠판에 판서를 잘 하는 교사이고, 앉아서 수업을 하는 교사는 칠판에 판서를 잘 하지 않는 교사이다.

서서 수업을 하는 교사는 궤간 순시를 잘 하는 교사이고, 앉아서 수업을 하는 교사는 궤간 순시를 잘 하지 않는 교사이다.

서서 수업을 하는 교사는 손을 잘 써서 수업을 하는 교사이고, 앉아서 수업을 하는 교사는 손을 잘 쓰지 않는 교사이다.

서서 수업을 하는 교사는 모든 학생과 눈을 맞추고, 앉아서 수업을 하는 교사는 앞에 앉은 몇 몇 학생과 눈을 맞춘다. 그래서 교사가 서서 수업을 하면 모든 학생이 교사를 바라보지만 교사가 앉아서 수업을 하면 몇 몇 학생은 친구의 등을 바라본다.

재작년에 모학교에서 저학년을 담임하는 교사가 컨설팅을 신청해서 갔

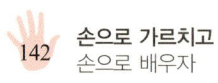

는데, 그 교사는 칠판 앞의 한가운데에 작은 교탁을 놓고 턱 앉아서 수업을 했다. 나와 그 학교 교감선생님, 그리고 학부모 몇 분도 참관하는 수업이었는데, 참으로 어안이 벙벙했고, 학부모님들의 눈치가 보일 지경이었다. 교직 경력이 1년도 채 안 된 선생님인데, 그런 태도였다. 물론 40분 내내 앉아 있었던 것은 아니다. 학생들이 토의를 할 때 잠깐 돌아본 것 외에는 거의 앉아서 수업을 했다.

수업 후 컨설팅을 할 때, 평소에도 앉아서 수업을 하느냐고 물었더니 그렇다고 했다. 그 학교 교감선생님이 민망스러워했다. 그 학교에서 평소에 교장, 교감선생님의 지도가 빠진 탓도 있지만 이것은 극히 상식적인 일인데……

그래서 왜 앉아서 수업을 하면 안 되는지 다음의 내용을 조목조목 설명해 드렸다.

앉아서 수업을 하는 교사는 칠판에 판서를 하지 않고, 궤간 순시를 하지 않으며, 손을 전혀 쓰지 않고, 학생을 장악하지도 못한다.

그러면 판서를 하지 않고 수업을 하면 되는가? 입으로 수업을 하다가도 중요한 내용이 있으면 바로 손을 써서 판서를 해야 된다. 이해를 돕기 위해서 때로는 그림도 그리고 때로는 분필도 색을 바꿔가며 중요 내용임을 각인시키기도 해야 된다. 왜? 입으로만 하지 않고 핵심 내용을 판서하면서 수업을 하면 학생들이 좀 더 이해하기 쉽고 기억도 더 잘 하니까. 그래서 교사는 서서 수업을 하다가 적시에 칠판을 활용해야 된다. 그런데 앉아서 수업을 하다 보면 그게 잘 안 된다. 그리고 몇 자 적고 교사가 다시 앉고 하면 그 모양새는 참으로 궁색스럽지 않은가.

다음으로 궤간 순시를 하는 문제이다. 교사가 학생들에게 지시를 하면 반드시 궤간 순시를 해야 된다. 왜? 교사가 지시한 내용을 학생들이 제대로 수행하고 있는지 살펴야 되니까. 때때로 어떤 교사들은 학생들에게 지시를 한 뒤에 교사용 의자에 앉아서 일을 보거나 공문서를 작성하기도 한다. 하지만 지시를 한 뒤에 교사가 앉으면 안 된다. 교사가 지시한 내용을 학생들이 잘 수행하는지, 학생들이 어디에서 막혀 답답해하는지, 답답해하는 이유가 교사의 설명이나 안내가 부족한 채로 지시를 했기 때문인지 등을 바로 살펴야 되기 때문이다. 교사의 설명이 부족했다면 모두 멈추게 하고 다시 설명한 후에 재지시를 해야 된다. 대부분의 학생이 수행을 한다고 할지라도 또 몇 명은 제대로 수행을 하지 못할 것이므로 이때는 개별지도를 해야 되지 않겠는가. 그러므로 교사가 수업 시간에 앉아서는 안 되는 것이다.

또 수업을 하면서 손을 써야 되는 일이 얼마나 많은가. 판서는 물론 동영상을 보여주어야 되고, 때로는 실물화상기도 써야 되는데, 어떻게 앉아서 수업을 하는가. 앉아서 수업을 하다 보면 자연스럽게 이런 과정들이 생략이 되고, 입으로만 수업을 하게 되는 것이다.

그리고 교사가 앉아서 수업을 하면 학생 전체의 표정을 볼 수가 없다. 교사가 수업을 할 때 듣고 있는 학생들의 표정을 제대로 보아야만 이해 여부도 가늠할 수 있고, 혹은 누가 몸이 불편한지, 누가 화장실에 가야 할 형편인지 살필 수 있으며, 대응도 적절히 할 수 있는 것이다.

또한 교사가 앉아서 수업을 하면 학생들도 마음의 긴장을 푼다. 학생들이 긴장을 풀면 목표 도달도가 낮을 수밖에 없다. 그래서 교사는 서서 수업을 하면서 한 명의 낙오자도 생기지 않게 하리라는 각오로 학생들 모두를 교사의 눈에 넣고 가르쳐야 된다.

잠깐 사족을 붙여보자.

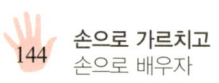

교육청에서 근무하던 때 장학 지도를 갔을 때나, 교장으로 나온 이후에도 학교 평가를 가서 보면, 꽤 여러 학교에서 볼 수 있는 교실 풍경 중 하나가 커다란 교사 업무용 책상이 칠판 앞 한가운데에 떡 자리 잡고 있는 것이다. 학생들의 자리에 앉아서 칠판을 바라보면 교사의 업무용 책상의 모니터가 가리고, 교사가 앉는 의자의 높은 등받이가 가리고, 혹은 실물화상기의 머리가 가리기 때문에 칠판을 온전히 볼 수가 없다.

수업을 입으로만 하니까 상관없을까? 어찌 보면 이런 물리적 환경이 오히려 교사들로 하여금 앉아서 수업을 하게 해 주는 장치는 아닌가?

얼마 전에는 모학교의 개축 준공식에 참석했다. 학교가 아주 잘 지어졌다. 정말 마음에 들었다. 그런데 옥에 티가 있었다. 교실마다 교사들의 업무용 책상이 또 칠판 앞 한가운데에 있었다. 컴퓨터의 모니터도 교사용 의자도 역시 칠판을 가렸다. 그 학교 교장 선생님께 귀띔해 드렸다. 업무용 책상을 창 쪽으로 밀어서 붙이고 칠판 한가운데에는 작은 교탁을 놓아드리면 어떨까요? 라고. 환히 웃으시면서 고맙다고 말씀하셨다. 내가 더 고마웠다.

16

수업 연구는
왜 하는가?

수업 연구는 수업자는 물론 참관하는 교사들에게도
끊임없이 수업을 개선하려는 노력을 해야만 되는 당위성을 갖게 해 준다.
다른 교사의 수업을 볼 때마다 일반화할 점이나 개선 점이
끊임없이 찾아지기 때문이다.

90년대 중반인가? 우리나라에 열린교육 열풍이 불었었다. 그 무렵에 신축을 하거나 개축을 하는 학교에서는 복도 쪽 벽을 터서 실제로 물리적인 환경을 열려는 노력을 했었다. 그런데 몇 년이 지나자 열린 교실들을 다시 막기 시작했다. 이유는 옆 교실의 학생이나 교사의 소리가 들려서 우리 반 수업에 지장이 매우 많다는 것, 학생들을 주의·집중시키는 일이 어렵다는 것 등이었다. 열린교육은 소리 소문도 없이 그냥 사그라졌다. 교실은 다시 그 전처럼 닫혔다.

초등학교는 1년 동안 한 선생님이 교실을 지배한다. 그래서 3월부터 시작해서 1년이 지나면 각 교실 간의 차이는 그 결과가 극에서 극까지 분포한다. 수업 개선의 의지를 갖고 열심히 하는 교사와 전혀 노력하지 않는 교사의 차이는 그대로 학생들의 차이가 되는 것이다.

학교에 따라서는 동료 교사의 수업을 볼 기회를 전혀 배려하지 않고, 동료 교사에게 자신의 수업을 공개할 기회도 배려하지 않는 등 차이가 꽤 있다고 본다. 요즈음은 학부모에 의한 교원 만족도 검사가 있어서 학부모에게 일괄적으로 수업을 공개하기는 하지만, 교사 간 공개나 참관은 잘 이루어지지 않는다는 것이다. 설사 교사 간 공개나 참관이 이루어지더라도 참관 결과를 간단한 참관록으로 대신해 버리면 수업 개선에 큰 도움이 되지 않는다.

교실에서 이루어지는 수업은 끊임없이 개선하려는 노력이 필요하다. 그런데 교실 문을 꼭 닫고 자신의 수업을 공개하지도 않고, 다른 교사의 수업을 참관하지도 않으면 어떻게 자신의 수업이 개선되겠는가?

그래서 나는 교사들에게 수업 연구의 기회를 배려한다.

본 교의 교사들은 1년이면 15회 이상 동료 교사의 수업 연구에 참여한다. 동료 교사의 수업을 참관하는 날은 당일 아침 시간에 자신의 참관 교

시 수업을 미리 하고 수업을 참관한다.

본 교의 수업 연구는 전 교원의 참여를 전제로 '수업 전 협의회-수업 공개-수업 후 협의회'의 과정을 철저히 밟는다.

수업 연구 과정에서 나는 적극적으로 활동한다. 수업 전 협의회에 참석하기 전에 나는 1차 수업안을 꼼꼼히 살펴본다. 아무리 바쁜 일이 있어도 수업안을 정독하지 않은 채로 수업 전 협의회에 참석하지는 않는다. 그것은 교사들이 교실에서 밀도 높은 수업을 하기 위해 교재 연구를 꼼꼼히 해야 되는 것과 같기 때문이다.

수업 전 협의회에서 나는 전 교원의 의견을 경청한다. 교사들은 지도안을 작성한 교사에게 질문을 하기도 하고 수업 구성 면에서 더 좋은 방법을 제시하기도 한다. 나는 교사들의 질문 중간에 답을 드리기도 하고, 주로 끝부분에 총체적으로 짚어 드린다.

그러면 수업자는 수업 전 협의 내용을 바탕으로 수업안을 수정하고 그때부터는 나와 일대일로 수업 전 컨설팅이 이루어진다. 수업안은 교사에 따라서 한두 번, 혹은 너덧 번까지 수정되고 보완되어 최종안이 나오게 된다.

특히 신규 교사의 경우에는 수업안이 완성되면 시나리오를 써 보게 하고(물론 경력교사도 시나리오 쓰기를 권장한다.), 내가 교실로 직접 가서 시나리오를 같이 보며 수업 내용 전반의 흐름, 발문, 판서(구조화, 시기, 자세 등), 피드백 시기 및 방법, 궤간 순시할 때의 동선, 실물화상기 활용 시의 자세, 가르침대 활용 등에 대하여 지도하고 안내한다.

수업 연구에 의한 공개수업은 당해 학년 학부모도 초대한다. 자녀의 공부하는 모습을 누구보다도 부모가 봐야 되고, 자녀의 담임교사가 어떻게 수업을 전개하는지도 보아야 할 권리가 있기 때문이다.

수업을 참관할 때, 나는 뒤에 가만히 앉아서 수동적으로 참관을 하지는 않는다. 수동적으로 참관하면 수업 후 협의회에서 제대로 도움을 줄 수 없기 때문이다.

교사의 여러 가지 교수 습관을 살피고, 교수·학습 과정안에 충실한 수업을 하는지도 살피고, 혹시 중요 부분에서 교사가 놓치는 부분이 있으면 교사가 궤간 순시를 하는 중에 귀띔을 해드리기도 한다.

또한 교사가 학생에게 지시한 뒤에는 반드시 학생들의 수행 실태를 돌아본다. 앞의 5장에서 다뤘던 내용을 기억하리라 생각한다. 학생들의 수행 실태를 보면 지시 전에 교사가 지도(설명, 안내, 예시, 시범)를 제대로 한 경우와 아닌 경우가 그대로 극명하게 드러나는 것을 볼 수 있기 때문이다.

그리고 수업 참관을 하며 중요하게 살피는 또 한 가지는 수업 전 협의를 할 때 확정한 수업 구성에 관한 것이다.

수업이 끝나면 수업 참관을 하며 메모한 내용들을 중심으로 나는 일반화할 내용과 개선점을 구분하여 워드프로세싱을 한다.

수업 후 협의회는 특별한 일이 없는 한, 당일 오후에 이루어진다. 남의 수업을 보고 뭐라 말하기가 좀 그런 것 같아 때로는 입을 다물고 있는 교사들도 있지만, 적극적으로 표현하시도록 분위기를 조성한다. 그리고 끝으로 내가 상세히 지도해 드린다.

수업 후 협의회에서 지도해 드리는 것은 여러 가지가 있지만 그중 중요한 것은 수업 구성에 관한 것이다. 수업 전 협의회에서 이미 수업 구성에 대해 충분한 협의를 했더라도 수업을 직접 보면 과연 학습 목표 도달에 적합한 구성인지, 아니면 무엇이 더 삽입되어야 하고 무엇이 빠져야 되며, 어느 것은 순서를 바꿔야 되는지가 드러나기 때문이다. 그래서 이 점을 말씀드리면서 수업 구성의 문제가 얼마나 중요하고, 어려운 것인지

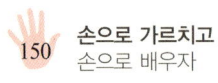

를 인식시켜 드린다.

수업 연구는 수업자는 물론 참관하는 교사들에게도 끊임없이 수업을 개선하려는 노력을 해야만 되는 당위성을 갖게 해 준다. 다른 교사의 수업을 볼 때마다 일반화할 점이나 개선 점이 끊임없이 찾아지기 때문이다. 수많은 수업을 매번 협의를 할 수는 없는 일이므로, 내 수업 연구나 다른 교사의 수업 연구 과정을 통해서 내가 직면하고 있는 다양한 과목 속의 다양한 단원 그리고 다양한 차시들의 수업 구성을 어떻게 하는 것이 효율적인지를 배울 수 있는 시간이 되리라 본다.

또한 나는 내 방법만, 혹은 학교 안에서만을 고집하지 않는다. 수업 컨설턴트를 초청해서 지도 받을 기회를 드리기도 하고, 학교 외부에서 하는 수업이나 연수회의 참여 기회도 드린다. 매년 전주교대부설초등학교에서 공개하는 수업에 본 교의 전 교사를 참관시키고, 수업 전문가를 초청하여 음악과 수업의 실제나 지휘법 등에 대해 연수할 기회를 드리기도 한다.

예술가들이 끊임없이 남의 작품을 많이 보면서 전문성을 확보해 가듯, 교사도 끊임없이 다른 교사들의 수업을 보고, 내 수업을 공개하면서 수업을 개선해 가야만 될 것이다.

2014. 6. 18. 2교시. 열한 번째 수업 참관, 전 교원 및 4학년 학부모 참관

4학년 1학기, 수학과, 5. 혼합 계산, 6/13차시, 교과서 158-160
학습 목표 : 덧셈, 뺄셈, 곱셈, 나눗셈이 섞여 있는 식을 순서에 맞게 계산할 수 있다.

▶ 수업 참관 후 칭찬 내용

- 교수·학습 과정안대로, 시나리오대로 큰 실수 없이 진행했다.

- 학습 목표를 도출하며 '순서'를 특히 강조했다.

- 수학과에서 자칫 소홀하기 쉬운 과정을 누락 없이 지도함으로써, 사전 학습이 된 학생도 집중하도록 했다.

- 판서 글씨가 우수하고 시기도 적절했다.

- 생각해 보게 하고 발표시켰다.

- 발표를 고르게 시키려 노력했다.

- 지시 전의 지도가 적절했고, 지시 후에는 확인을 하였으며, 확인 후에 심화 학습이 필요한 학생을 적절히 지도했고, 부진아는 개별지도 했다.

- 학생들이 전체적으로 집중하는 모습이 우수했다.

▶ 수업 참관 후 지도 내용

- 수업을 할 때 중요한 문제에서는 혹시 다르게 생각한 경우가 있는지 다시 발문해 줘야 된다.

- 처음에는 칭찬을 잘해주다가 중간부터 칭찬을 해주지 않았다.

- 학생 몇 명이 샤프심을 쓰는데, 이는 지도가 필요하다.
- 교사의 표정이 좀 더 유연해져야겠다.

※　오늘 민은미 교사가 공개한 열한 번째 수업은 본 교의 수업 연구 계획에 의거하여 실시한 수업이다. 수업 연구 계획에 의한 수업이기 때문에 전 교원이 모여 수업 전 협의회를 했고, 다시 나와 1대1로 여러 차례 만나 협의한 후 최종 수업안이 작성되었다. 아울러 시나리오도 쓰게 하고 내가 직접 교실에 가서 충분히 지도를 했기 때문에 근 실수 없이 수업을 잘 했다. 표정이 다소 딱딱한 점이 있었으나 첫 공개수업인 점에 비추어 보면 성공적인 수업이었다. 그래서 선배 교사들도 많은 칭찬을 했다.

　중요한 것은 앞으로 매번 지도를 받을 수는 없는 일이기 때문에, 지도 없이 혼자 해야 되는 수업을 어떻게 제대로 구성할 것인지 수업 구성 면을 천착해야 될 것이라고 본다. 수업 구성력을 키워주기 위해서 앞의 열 번의 수업을 볼 때도 아무런 지도 없이 스스로 연구하게 하고 수업을 참관·지도했던 것이다.

　오늘의 공개수업이 앞으로의 수업 개선에 큰 보탬이 될 것이라고 생각한다.

지도를 받고　그동안 교장 선생님으로부터 개인적으로 10회의 수업 지도를 받고 드디어 오늘(6월18일) 전 교원과 열 분의 학부모님을 모시고 수업을 공개하였습니다.

　먼저 수업 준비에서는 교수·학습 과정안을 작성하고, 전 교원 협의 후 다시 교장 선생님과 함께 수차례 수정을 거치면서, 보다 완성도 높은 교수·학습 과정안을 작성하기 위해 노력하였습니다. 이를 통해 목표 도달에 충실한 수업을 구성할 수 있었습니다.

또한 완성된 지도안을 바탕으로 실수를 줄이기 위해 시나리오를 작성하여 수업 시간계획에 맞게 진행하고자 연습도 많이 하였습니다. 이를 바탕으로 교사의 언행에서 군더더기 없이 핵심 발문을 통해서 매끄럽게 수업을 진행할 수 있었습니다.

수업을 진행할 때에는 학생들에게 반드시 생각할 수 있는 시간과 기회를 제공하였더니 학생들이 교사의 발문에 대해 정선된 답변을 했습니다.

그리고 수업의 도입에서 학생들로부터 학습활동 순서를 도출하고 이를 명확하게 안내하니, 수업을 진행하는 내내 학생들이 수업의 방향을 잘 이해하는 모습을 보였습니다.

이렇게 그동안 지적받았던 부분들을 개선하려 노력하는 과정을 거치니 수업이 한결 수월해지고 완성도 높게 마무리되어 큰 보람을 느꼈습니다.

그러나 수업 공개의 경험이 부족하다 보니 미흡한 점도 다소 있었습니다. 여러 학부모님과 선생님들 앞에서 긴장하게 되어, 평소 수업하는 것처럼 자연스러움이 묻어나지 못한 점이 아쉬웠습니다. 평소에 수업할 때 칭찬이나 긍정의 표현이 부족하다 보니, 공개수업 날에도 노력은 하였지만, 자연스럽게 웃으며 수업하는 분위기를 만들지 못해 아쉬웠습니다. 때문에 평소 수업 습관이 중요하다는 생각을 하게 되었습니다.

또한 긴장된 상태에서 판서를 하다 보니 글씨를 쓰는 데도 부족한 점이 많았습니다. 특히 계산 기호를 쓸 때 뺄셈과 나눗셈을 가로로 정확히 길게 써 주었어야 했는데 그러지 못하였습니다.

이런 부족한 점들을 앞으로도 항상 의식하며 개선하기 위해 꾸준히 노력할 것입니다.

멀티 교육은 내용을 말하는 것이기도 하고, 기간을 말하는 것이기도

17

멀티 교육이
이루어지는가?

지금 당해 학년에 나와 있는 내용만,

시간도 딱 그 시간만 가르치려 하지 말고

전 학년에서 못 배운 것은 지금 학년 선생님이라도 가르쳐야 된다.

이것이 멀티교육이라고 생각한다.

하다. 그런데 내용이든 기간이든 이 두 가지 모두 반복에 의미가 있다.

내용이 의미하는 것은 이런 것이다.

수학과에서 스토리텔링을 하는 경우, 국어과에서 가르친 듣기의 자세나 방법 등을 한 번 더 환기시키고 듣도록 하는 것이다. 이렇게 하면 국어과의 듣기 능력과 수학과의 문제 해결력이 동시에 향상된다.

사회과에서 토의하기나 보고서를 쓸 때, 국어과에서 배운 토의 방법을 다시 한 번 환기시키고 토의하도록 하고, 보고서를 쓸 때에도 국어과에서 배운 문단 구분해서 쓰기나 맞춤법 등을 소홀히 하지 않아야 된다.

즉, 어떤 내용을 한 과목에서 배웠다면 꼭 배운 과목에서만 지도하는 것이 아니라 그 내용이 다른 어떤 과목에서 나오더라도 여전히 똑같이 가르쳐져야만 여러 과목에 의한 반복 지도에 의해서 학생들에게 각인된다는 뜻이다.

기간이 의미하는 것은 이런 것이다.

국어과에서 사전 찾기를 가르쳤다면 일주일 정도 아침 자습 시간마다 5-6개의 낱말을 제시하고 사전을 찾아볼 기회를 제공하는 것이다. 이렇게 집중적으로 학습할 기회를 제공하면 학급 학생 대부분이 사전 찾는 방법을 습득하게 된다. 또 편지 쓰기를 가르쳤다면 오늘 일기는 어머니께 편지 쓰기를 해보게 하고, 설명하는 글에 대해서 가르쳤다면 '라면 끓이는 방법', '설거지하는 방법' 등을 일기에 써올 수 있도록 설명문 주제를 제시해 주는 것이다.

음악 시간에 리코더를 한두 시간 가르쳤다면, 그 한두 시간 가지고는 기능이 습득되기 어렵다. 따라서 과제로 쉬운 곡을 연주해오도록 해주는 등 기능을 익힐 때까지 과제를 주고 확인해 주어야 된다. 가창의 경우도 마찬가지다. 노래 한 곡을 가르쳤다면 한두 시간으로 학급 전 학생

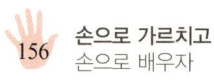

이 그 노래를 정확한 음정으로 부르기는 어렵다. 그래서 그다음 곡을 가르칠 때까지 쉬는 시간 등을 이용해서 자주 불러 볼 기회를 제공해 주어야 된다.

즉 기간이 의미하는 것은 오늘 국어 시간에 가르친 '설명하는 글'이나 '편지 쓰기' 혹은 음악 시간에 가르친 가창 등 학교에서 가르친 한두 시간만으로는 기능이 신장되기 어려운 것들은 학교에서 아침 시간이나 쉬는 시간, 혹은 집에서도 해 볼 수 있도록 시간을 더 배려해 보자는 것이다. 이러한 기간의 문제는 어느 것은 더 길게 잡아야만 확실히 지도되는 것들도 있다.

1학년 때 배우는 한글의 획순, 특히 'ㅂ'이나 'ㅌ'은 잘못 쓰는 학생들이 꽤 있다. 이런 것은 1학년 때 여러 번 반복 지도가 되지 않았기 때문이다. 그러면 6학년을 졸업할 즈음이 되어서도 잘못 쓰는 학생은 왜인가? 1학년 때 못 배웠다면 2학년이나 3학년 때라도 배웠어야 되는데, 6학년 때까지도 지도가 빠졌기 때문이다.

일기 쓰기도 이미 1학년 때 방법을 가르치고 2학년 때도 방법을 가르치는 시간이 있지만 이때 주어지는 시간만 가르치고 말 수는 없는 것이다. 이것은 6학년 때까지 꾸준히 가르쳐야만 된다. 특히 일기 쓰기는 글쓰기 교육을 총체적(글씨, 글의 호응 관계, 문단 구분, 맞춤법, 완결된 글)으로 지도할 수 있는 방법이기 때문에 지금 내가 가르치는 학년의 국어 교과서에 나오지 않을지라도 초등학교 교사들이 사명감을 가지고 꾸준히 지도해야 될 부분인 것이다. 아울러 체험 학습 후에 '보고서 쓰기', 영화나 연극 감상 후에 '감상문 쓰기', 독서 후에 '독서 감상문 쓰기' 등도 교과서의 제시 여부에 관계없이 꾸준히 지도해야 될 부분이다.

쓰기뿐만 아니라 말하기에서 발음의 문제도 초등학교 때 다 배워야 된다고 생각한다. 수업 시간에 발표를 할 때, 글을 낭독할 때 등 발음 교정이 수시로 지도되어야 된다. 특히 '읽기, 읽고, 읽게, 맑고, 맑기, 맑게'나 '꽃이, 꽃에, 꽃을' 혹은 '젖을, 젓을' 그리고 '밭이, 밭을, 밭에서'와 '삶이, 삶을' 등의 발음을 제대로 못하는 경우가 많다.

지금 당해 학년에 나와 있는 내용만, 시간도 딱 그 시간만 가르치려 하지 말고 전 학년에서 못 배운 것은 지금 학년 선생님이라도 가르쳐야 된다. 이것이 멀티 교육이라고 생각한다.

이와 반대로 수업을 하면서 핵심을 벗어나는 경우가 있다. 이것은 멀티 교육을 잘못 이해하고 있는 것이라고 생각한다.

국어과의 경우 방법을 지도할 때 교재 글을 중심으로 정확한 방법만을 지도하면 되는데, 도덕과처럼 가지치기를 해가는 경우가 있다. 이렇게 하면 본 수업의 핵심이 무엇인지 학생들이 헷갈릴 수가 있겠다. 또는 수업과는 아무런 관련도 없는 내용, 즉 국어 공부를 하면서 교재 글에 리코더나 하모니카가 언급되어 있으니까 수업 중에 기능이 우수한 학생에게 리코더를 불거나 하모니카를 불게 하는 것은 수업이 핵심을 벗어난 것이라고 본다. 이런 경우에는 수업 시간에 듣기보다는 아침 시간이나 방과 후 혹은 점심시간을 이용해야 될 것이다.

2014. 6. 27. 2교시. 열두 번째 수업 참관

4학년 1학기, 수학과, 5. 막대그래프, 2/9차시, 교과서 186-187
학습 목표 : 막대그래프에 대해서 설명할 수 있다.

▶ 수업 참관 후 칭찬 내용

■ 교재 연구를 충실히 하려 노력했다.

■ 판서를 해 가며 설명을 자세히 했다.

▶ 수업 참관 후 지도 내용

■ 스토리텔링을 할 때 듣기 훈련도 같이해야 된다.

　스토리텔링을 할 때 학생들은 그냥 듣기만 하고 다시 교사가 주요 내용을 짚어가며 알려주면 안 된다. 본시의 경우 스토리텔링을 들려주기 전에 '초록 지킴이들이 무엇을 하려고 하는지, 방법은 어떻게 하겠다는 것인지 생각하며 듣게' 해야 된다. 이것이 훈련이 되면 나중에는 교사가 관점을 알려주지 않아도 주의 깊게 듣고 핵심을 파악해 내리라 본다.

■ 선수 학습 내용을 장황하게 설명했다.

　186쪽의 표를 가로에는 무엇을 쓰고, 세로에는 무엇을 쓰는지에 대해서 자세히 설명을 하다 보니 186쪽에서만 20분이 지나갔다. '표'는 이미 2학년 때 배운 것이고, 또 본시는 막대그래프에 대해서 공부하는 시간이기 때문에 187쪽의 막대그래프로 넘어가서 가로나 세로에 나타내야 할 것을 지도했더라면 좋았을 것이다.

　그래서 단원을 시작하기 전에 선수 학습의 인지 정도를 반드시 파악해 봐야 되는 것이다. 본시의 경우는 간단했지만 만일 2위수×2위수를 지도한다면 선수 학습인 2위수×1위수를 제대로 하는지 본 단원에 들어가기 전에 실태를 파악하고 부진한 학생은 방과 후 시간 등을 활용해서 지도를 마친 다음 2위수×2위수의 지도 단원에 대한 학습이 이루어져야 된다.

■ 학생들이 혼동하거나 애매해 할 수 있는 용어, 문장 등은 설명이 필요하다.

활동 2의 첫 번째 문제에서 '막대의 길이가 무엇을 나타내는가?'의 문제는 대부분의 학생들이 '학생 수'라고 답했다. 이때 교사는 지도 없이 넘어갔다. 교사는 '무엇에 대한 사람 수인지 자세히 쓰라.'라고 재지시를 하고, 그래도 학생들이 잘 모르면 교사의 설명이 필요하다. 또 세 번째 문제에서 '그래프로 나타냈을 때 좋은 점'은 학생들이 비교 대상을 염두에 두지 않고 하려니까 답하기가 어려워 보였다. 이때는 '표와 비교해 봅시다.'라는 교사의 안내가 필요하다.

■ 막대그래프를 가르칠 때 한 칸이 나타내는 수에 대해서는 지도가 빠졌다.

교사는 막대그래프를 도입하면서 가로, 세로에 쓰는 것은 자세히 가르쳤지만, 정작 한 칸이 나타내는 수가 얼마인지는 가르치지 않았다. 이것을 가르치지 않아도 학생들은 세로축의 수를 보고 변량의 크기를 알기는 했지만……

그런데 마무리 문제에서 막대그래프의 편리한 점을 찾게 했을 때 학생 한 명이 막대그래프는 1,000명씩 많은 수를 나타낼 수 없는 것이 단점이라는 말을 했다. 이때에도 교사는 별다른 언급이 없었다. 교사는 이때 "참 좋은 생각을 했다."라고 말해 주고, 이 자료에서 한 칸은 얼마를 나타내는지에 대해서 설명을 하고, 1,000명뿐만 아니라 그 이상의 수도 막대그래프에서 나타낼 수 있는 방법이 있음을 설명해야 된다.

■ '수'와 '숫자'에 대한 용어를 구분 없이 사용했다.

이 부분은 교사들이 흔히 범하기 쉬운 오류이다. 본시에서도 교사는 계속 '숫자'라는 말만 사용했다. 활동 1에서는 '표에 수를 써봅시다'라고 해야 되

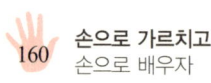

고, 자료 값을 비교하는 방법을 가르칠 때에도 '각각의 수를 비교해 봅시다.'라고 해야 맞다.

지도를 받고 지난번 공개수업은 수업 전 협의회를 거치고 지도안과 시나리오를 작성해서 교장 선생님께 반복 지도를 받고 수정함으로써 완성도 높은 수업을 진행할 수 있었습니다.

하지만 다시 스스로 수업을 구성하고 진행해 보니, 아직도 미흡하고 보충해야 할 점들이 많이 있었습니다.

이번 수업 후에 배운 점은 수학과 수업에서도 국어과의 듣기 지도가 함께 이루어져야 한다는 점이었습니다. 수학과에서는 자칫 수학적 계산만 잘 가르치면 된다는 생각을 하기 쉽지만 그렇지 않다는 것을 알았습니다. 수학과에서도 계산식을 세우기 위해서는 문제에서 주어진 내용을 바르게 파악하는 단계가 필요한데, 여기서 국어과의 듣기와 읽기 지도가 함께 이루어져야 함을 알게 되었습니다. 수학적 계산이 가능하더라도 문제를 바르게 파악하지 못하면 계산식 자체를 제대로 세울 수 없기 때문입니다.

더불어 이 같은 점을 학생들에게도 명확히 인식시켜, 스토리텔링을 들을 때 주의 집중할 수 있는 분위기를 형성해야 됨을 알았습니다. 또한 여기서 단순히 학생들에게 '잘 들어라, 잘 읽어봐라'가 아닌, 어떤 부분에 주의를 기울여 살펴야 할지 교사의 자세한 사전 안내가 필요하다는 것도 알게 되었습니다.

또한 학생들에게 가르쳐 준 내용은 일회성으로 지나가는 것이 아니라 반복하여 지도해야 되는 것이 중요함을 알게 되었습니다. 이 같은 맥락에서 비록 다른 교과에서 배운 내용이라 하더라도 이번 수업에서 그것이 다루어진다면 다시 한 번 학생들에게 상기시켜주고 학생들이 제대로 수행하는지 꼭 확인해야 된다는 것을 깨닫게 되었습니다.

손으로 가르치고
손으로 배우자

18

수업을
구성할 줄 아는가?

수업 구성은 학습 목표에 맞는 최적의 학습활동을 순서에 맞게 선정해서
각 활동을 할 때 적절한 학습(개별 · 모둠 · 전체)을 조직하여
활동을 하면서 걸러진 핵심 내용을 적시에 판서함으로써
학습 목표 도달도를 최대화하기 위한 것으로
교재 연구의 핵심이라고 할 수 있다.

앞에서 '손으로 가르치는가?'부터 시작해서 여러 가지 주요 사항들을 짚어 보았다. 그런데 왜 수업 구성의 문제를 맨 마지막에 언급하는가? 사실은 이 문제가 가장 중요하다는 뜻이다.

손으로 가르치고, 판서를 하고, 학습장을 쓰게 하고, 지시를 하기 전에 어떤 노력을 하고, 지시한 내용을 확인한 뒤에 다시 피드백을 하고, 메모 지도를 하고, 분명한 발음으로 수업을 하고, 사고할 기회를 주고, 열정을 다 바쳐서 수업을 한다고 하더라도 수업 구성이 제대로 되지 않으면 힘만 들었지 수업의 효과가 높지 않기 때문이다.

어떤 분야에서건 지도자가 참 중요하다. 학교는 학교를 경영하는 교장의 마인드만큼만 발전을 하고, 학급은 학급을 경영하는 교사의 노력만큼만 발전을 하기 때문이다.

학교장은 뚜렷한 교육목표를 세우고 그 목표를 구현하기 위하여 목표 관련 구현 중점을 정확하게 선정해야 되며, 그 중점 내용들이 학급에까지 파급되는지 수시로 확인을 해야 된다. 이 과정에서 교사들이 생각할 때 지금 교사들이 하고 있는 일이 과연 학교 교육목표 구현과 관련 있는 것인지(이것은 교실에서 교사들이 하는 수업에 비추어 볼 때 수업 목표에 맞는 학습활동을 선정해서 활동하는 것과 같은 일이다.), 아니면 교장이 자신의 개인적인 영달을 위해서인지, 혹은 즉흥적으로 지시하는 일인지 분별을 할 것이라고 생각한다. 만일 후자라면 그것은 오히려 학급 경영을 하는 데 있어서 시간만 축내는 일이 되는 것이다.(이 역시 교실 수업에 비추어 보면 수업 목표와 관계가 적은 학습활동을 학생들에게 하게 하는 일은 학생들의 시간만 축내는 일과 같은 것이다.)

그래서 학교 경영을 할 때에도 학교 교육과정을 계획하고 실행하고 평가한 후 피드백까지 일관성이 있어야만 교사들이 학생 교육에 시간을 효율적으로 활용할 것이다. 또한 구현해 가는 과정에서 학교장이 교사들

에게 하라고 말만 하면 안 되기 때문에 학교장이 확인을 하고 다시 피드백해 가면서 학교를 경영해야 된다. 이때 가장 중요한 확인이 무엇인가? 바로 수업이다. 교사가 해야 될 일 중에 가장 중요한 것이 수업이기 때문이다. 교사가 해야 될 일 중에 가장 중요한 것이 수업이라면 교장이 해야 될 일도 교사들의 수업을 보고 지도해 주는 일이 가장 중요한 일일 것이다. 또한 수업 지도 중에서도 가장 중요한 것이 '수업을 제대로 구성할 줄 아는가?'이다.

그것은 학급도 마찬가지라고 본다. 교사가 학생들의 각 교과 성취 기준에는 관심이 적은 채로 학급을 경영하는 일은 진정한 교사의 존재 가치를 비켜나는 일일 것이다. 물론 학급을 경영할 때 생활지도도 중요하다. 생활지도가 제대로 이루어지지 않으면 수업의 효과를 보기는 어렵기 때문이다. 그런데 수업을 잘하는 교사는 그만큼 학생들에 대한 이해와 애정이 깊기 때문에 생활지도도 덩달아 잘되는 것을 볼 수 있다. 수업 시간에 정확한 지도로 학생들을 제대로 장악하게 되면 생활지도에도 문제가 적음을 알 수 있다. 그것은 학생들이 아무리 어려도 교실에서 자신이 해야 되는 가장 중요한 일이 무엇이고, 그것들을 자신이 적절하게 수행하고 있다는 자신감이 있으면 다른 데에 눈을 돌릴 시간이 줄어든다는 뜻이다.

그래서 교사는 단위 시간의 수업에서 선명한 앎의 즐거움을 학생들이 누리게 해 줘야 되는 것이다. 그러므로 전문가다운 수업 구성은 중요하다. 수업 구성이 적절하지 않으면 목표에 제대로 도달할 수가 없고 학생들은 안개 속에 서 있는 듯해서 수업 시간에 해찰하기 시작하고 다른 생각들이 끼어들기 때문에 생활지도의 문제도 커지는 것이다.

우리가 존경하는 이순신 장군이 전투를 함에 있어서 밤잠도 못 자고 전투 구성을 제대로 했기 때문에 '명량'뿐만 아니라 임진왜란을 성공적으로 이끈 것이 아닌가. 만일 이순신 장군이 열정만 앞세우고 지적인 전략이 없었다면 어찌 되었겠는가. 교사에게도 반드시 필요한 지적인 전략, 그것이 수업 구성 능력이다.

학생들의 체력 증진을 위해 500미터 높이의 산을 오르기로 했다면 교사가 사전에 전략을 짜야 된다. 그러려면 사전에 답사를 해야 된다. 답사를 하며 어떻게 가야 주어진 시간 안에 다녀올 것인지, 군데군데 위험 요소는 무엇인지를 따져 봐야 되고, 체력 좋은 학생들을 안배해서 조는 어떻게 짜야 되며, 체력이 약해서 교사가 직접 도와주어야 될 학생은 누구인지, 학생들이 준비할 것은 무엇이고, 교사가 준비할 것은 무엇인지 등에 대한 전략이 있어야만 된다. 만일에 이러한 전략이 없이 산행을 하면 어떤 일이 벌어질까?

사전 답사가 없다면 길을 잘못 들어서 정상에는 가지도 못하고 고생만 하다 돌아와야 되고, 체력이 약한 학생이 파악이 안 된 채로 간다면 낭패를 볼 수도 있고, 준비물이 부족한 채로 간다면 그 또한 낭패 볼 일이 생길 수밖에 없는 것이다. 이런 결과가 오면 학생들이 교사에게 신뢰를 보낼까? 교실에서 이루어지는 매 시간의 수업도 이와 무엇이 다른가? 같은 맥락이다.

교과서에 제시한 대로, 페이지 순서대로만 가르치기로 한다면 그것이 어찌 전문가가 하는 수업이라고 할 수 있는가? 그런 방법으로는 집에서 중, 고등학교에 다니는 공부 잘하는 언니나 오빠도 충분히 가르칠 수 있을 것이다. 그러나 수업 전문가인 교사들의 수업은 달라야 된다.

수업 전에 충실한 교재 연구가 필요하다. 교재 연구는 무엇인가? 그 핵심이 수업 구성이고, 수업 구성의 핵심이 판서로 드러난다. 핵심 판서

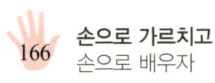

에 대해서는 '6. 교재 연구는 어떻게 하는가?'에서 다뤘으므로 이 장에서는 판서 내용은 생략하고 수업 구성에 대해서만 제시해 보고자 한다.

수업 구성에 대한 예를 보자.

3학년 1학기, 국어과, 9. 상황에 어울리게, 1−2차시

학습 목표 : 말의 빠르기, 높낮이, 세기를 살려서 말하면 좋은 점을 설명할 수 있다.

학습 요소

1. 단원개관
2. 동기 유발
3. 학습 목표 확인
4. 네 가지의 표정 짓는 상황 알아보기 (234쪽 1번 그림 활용, 네 가지에 어울리는 상황 제시로 네 가지 상황에 맞는 표정 확인 1 : 1)
5. 한 가지 상황 제시에 네 가지 표정(1 : 4)을 드러냄으로써 말하는 사람의 마음 전달하기 (234쪽 1번 그림 활용)★
6. 이야기 듣고 상황 파악하기 (235쪽 그림)
7. 이야기 다시 듣고 말투의 의미 파악하기 (236쪽)
8. 역할놀이 하기 (235쪽 그림을 활용하되 "네." 대답 뒤에 쓸 수 있는 말 넣어보기★)
9. 적용하기★
10. 정리하기

※ ★는 컨설팅을 하며 수업자와 함께 구성해 본 내용임

위의 수업에서 5번의 재구성 내용

: 234쪽을 보면 교과서에 제시된 상황만으로는 목표와 관련해서 어떻게 지도해야 될지 모른다. 지도서를 보면 다양한 상황을 만들어 "네."라는 대답을 하도록 안내하고 있다. 다양한 상황, 즉 ①~④의 그림에 있는 "네."라는 대답을 유도해 낼 수 있는 상황을 만들기는 쉽다. 가령 ①번의 "네."를 유도하기 위해서는 기쁨을 유발할 수 있는 상황을 제시하면 되고, ②번의 경우는 화나는 상황을 제시하면 된다. 그런데 문제는 단순히

이 활동만 하면 학생들에게 알게 할 것이 무엇인지가 선명해지지 않는다는 점이다. 물론 교사가 설명하면 학생들은 고개를 끄덕일지 모르지만 학생들로부터 알게 된 것을 말하게 하면 말하기가 어렵다는 뜻이다. 따라서 이런 경우 교사의 구성 능력이 필요하다.

이런 경우에는 한 가지 상황을 제시해 볼 수 있다. 즉 다음과 같은 5번의 활동이 삽입되어야 된다.

이 활동을 위해서 담임교사가 학생들에게 '과중한 과제를 부과하는 상황'을 연출해 본다. 그리고 나서 학생들에게 각자 자신의 감정을 234쪽의 ①~④ 가운데 한 가지로 표현해 보게 한다. 학생들로부터 전달된 "네.", "네?" 등은 4명 중 3명꼴로 좋아하지 않는다는 것을 담임교사가 학생들의 말투로 감지하게 된다. 그리고 다시 과제를 적절하게 제시함으로써 모든 학생이 만족하는 "네."를 하게 하는 것이다. 이렇게 하면 이 활동 후에 가르칠 수 있는 것이 말투(말의 빠르기, 높낮이, 세기)를 살려서 말하면 좋은 점은 '말하는 사람의 마음을 잘 전달할 수 있다.'라는 것이다. 즉 처음에는 교사가 학생들에게 과제를 너무 과중하게 제시하니까 학생들이 짜증나거나 화나거나 시무룩한 표정과 말투를 보임으로써 선생님에게 과제가 너무 과중하다는 학생들의 마음을 전달한 것이다. 이러한 학생들의 마음이 교사에게 전달됨으로써 교사가 다시 과제를 줄여주게 되는 상황을 연출하는 것이다. 이렇게 구성해서 가르치면 '말투를 살려서 말하면 좋은 점'은 '말하는 사람의 마음을 잘 전달할 수 있다.'임을 학생들로부터 쉽게 끌어낼 수 있게 될 것이다.

8번의 재구성 내용

: 교과서에서 제시하고 있는 역할놀이는 방법 1에서는 235쪽의 6개 장

면 모두 동이의 역할을 맡은 친구가 똑같은 말투로 "네."를 해보게 하고 있고, 방법 2에서는 그림 여섯 장면에 어울리는 말투로 역할놀이를 해보게 하고 있다. 그런데 실제로 이 여섯 장면 모두를 똑같은 말투로 대답하는 경우가 우리 언어생활에 있는가? 교과서에서 제시하고 있는 역할놀이에는 다소 억지스러움이 있다고 본다. 그래서 교사는 이런 경우 자연스럽게 다음의 활동으로 바꿔서 역할놀이를 제시해 볼 수 있겠다. 즉 동이의 마음을 더 잘 전달할 수 있기도 하고, 듣는 어머니나 선생님의 기분을 생각해서 동이의 대답 "네." 다음에 올 수 있는 말을 각 모둠에서 만들어본 뒤에 모둠별로 만든 내용으로 역할놀이를 하게 하는 것이다.

그 내용은 "네, 알았어요.", "네? 정말요?", "네, 감사합니다." 등으로, 사실상 일상적인 언어생활에서 235쪽의 6개 상황 모두에서 "네."라는 대답만 하고 말지는 않기 때문이다. 또한 대상과 상대를 고려하여 국어생활을 효과적으로 수행할 수 있는 기회를 자꾸만 제공해야 된다는 점에서도 이렇게 간단하게나마 다음에 오는 말을 넣어서 대답해 볼 수 있게 해줘야 될 것이다. 이렇게 지도하면 말하는 사람의 마음이 더 잘 전달될 수 있기도 하고, 이것은 또한 듣는 사람의 기분에 맞게 말할 수 있다는 것도 알게 할 수가 있다. 이 역할놀이를 통해서 234쪽에서 배운 '말하는 사람의 마음을 잘 전달할 수 있다.'를 다시 한 번 확인할 수 있으며, '듣는 사람의 기분에 맞게 말할 수 있다.'는 것도 학생들 스스로 감지해 낼 수 있는 것이다.

9번의 재구성 내용

: 적용하기는 234쪽과 235쪽의 그림, 그리고 역할놀이를 통해서 알게 된 아래의 두 가지를 확인해 보기 위함이다.(기 칠판에 판서된 내용)

말투를 살려서 말하면 좋은 점

1. 말하는 사람의 마음을 잘 전달할 수 있다.
2. 듣는 사람의 기분에 맞게 말할 수 있다.

적용하기에서 교사-학생 간에 다음과 같은 의사소통이 이루어질 수 있겠다.

교 사	지금부터 선생님이 하는 말을 듣고 오늘 배운 말투를 사용하여 표현해 보기로 합시다. 오늘 숙제는 오늘 배운 내용을 학습일기로 씁니다. 학습장 두 쪽을 채워야 됩니다.
학생들	네?(깜짝 놀란 표정), 네.(시무룩한 표정), 네.(자신 있는 밝은 표정), 네.(화난 표정)
교 사	여러분 대부분이 불만이군요. 그럼 좀 줄여주겠습니다. 한 쪽만 써도 됩니다.
학생들	네, 고맙습니다., 네, 열심히 하겠습니다., 네, 감사합니다. 등
교 사	선생님이 처음에 두 쪽을 써 오라고 해 놓고 왜 줄여주었나요?
학생들	저희들이 과제가 너무 많아서 힘들다는 말투를 쓰고 힘들다는 표정을 지었기 때문입니다.
교 사	말투를 살려서 말하면 좋은 점은 무엇입니까?
학생들	말하는 사람의 마음을 잘 전달할 수 있습니다.
교 사	숙제를 한 쪽으로 줄여 주었을 때 여러분은 어떤 말투를 썼습니까?
학생들	선생님께 고마운 마음을 표현하는 말투와 표정을 썼습니다.
교 사	말투를 살려서 말하면 좋은 점은 또 무엇이 있습니까?
학생들	듣는 사람의 기분에 맞게 말할 수 있습니다.

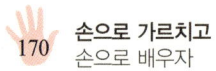

위와 같이 1-2차시 '말의 빠르기, 높낮이, 세기를 살려서 말하면 좋은 점을 설명할 수 있다.'라는 학습 목표 도달을 위한 수업에 위의 활동들이 삽입되어 진행이 된다면 학생들은 1. '말하는 사람의 마음을 잘 전달할 수 있다.' 와 2. '듣는 사람의 기분에 맞게 말할 수 있다.'를 훨씬 효과적으로 터득하게 될 것이다.

또 다른 예를 보자.

2학년 1학기, 국어과, 10. 이야기 세상 속으로, 4차시

학습 목표 : 이어주는 말의 쓰임을 설명할 수 있다.

학습 요소

1. 전시 학습 상기 : 전시 이야기의 주인공 알아보기
2. 동기 유발 : 주인공이 집으로 돌아와서 하려고 한 것은 무엇인가?

　　→ 1과 2를 학습하면서 이어주는 말이 들어 갈 상황 제시하기★

3. 학습 목표 확인
4. 292-293쪽의 내용 파악
5. 이어주는 말이 필요한 이유 알기
6. 문장에 알맞은 이어주는 말 넣고, 쓰임 알아보기★

　　→ 다양한 예시 자료를 통해 이어주는 말의 쓰임 정착시키기★

7. 이어주는 말의 좋은 점 알기
8. 각자 일기장을 활용하여 이어주는 말의 적절성 파악하기★
9. 적용하기 : 동기 유발에서 제시했던 문제 풀기★
10. 정리하기

※ ★는 컨설팅을 하며 수업자와 함께 구성해 본 내용임

2번의 재구성 내용

: 전시 학습을 상기하며 주인공이 무엇을 좋아하였는지와 집에 돌아와서 하려고 한 것을 발문함으로써 다음과 같은 문제가 제시될 수 있다.

> 오소리 아줌마는 꽃을 좋아하였습니다.
>
> (   ) 꽃밭을 만들고 싶었습니다.
> (   ) 이미 오소리 아줌마의 집 주변은 온통 꽃밭이었습니다.

이 내용으로 학습 문제를 끌어내고, 정답은 적용 과정에서 확인하면 좋을 것이다.

6번의 재구성 내용

: 지도서를 보면 이어주는 말의 쓰임을 알게(지식 발견) 하고 294쪽을 하도록 하고 있다. 그러나 이 순서보다는 294쪽을 먼저 하게 하고 학생들과 함께 답을 확인하면서 '그리고'는 어떤 경우에 쓰는지를 발문하여 쓰임을 알게 하면 훨씬 자연스러울 것이고 학생들의 이해도 빠를 것으로 본다. 아울러 '그리고'의 쓰임을 익힐 수 있는 예시 자료를 미리 제작하여 활용할 수 있겠다.

8번의 재구성 내용

: 2학년들의 일기 형태를 보면 '그리고'를 남발하는 학생들이 많음을 알 수 있다. 어떤 학생들은 두 번째 문장부터는 문장 첫머리마다 쓰는 경우도 있다. 그런데 이러한 습관은 수정하기가 쉽지가 않다. 그래서 본 차

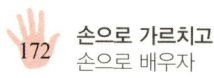

시는 이러한 습관을 수정하는 데 상당히 좋은 차시라고 보아진다.

각자의 일기장에서 '그리고'를 찾아 동그라미를 하고 쓰임에 맞게 썼는지, 그 말을 빼도 문장이 자연스러운지, 이해가 가능한지 등을 따져 보게 하면 학생들이 습관적으로 남발하는 일이 줄어들게 될 것이라고 본다.

9번의 재구성 내용

: 2번에서 제시하며 학습 목표를 유도했던 문제를 풀어보게 함으로써 본시의 목표 도달도를 가늠할 수 있을 것이다.

> 오소리 아줌마는 꽃을 좋아하였습니다.
>
> (그래서) 꽃밭을 만들고 싶었습니다.
> (그러나) 이미 오소리 아줌마의 집 주변은 온통 꽃밭이었습니다.

위와 같은 수업 구성에 의한 수업을 통하여 본시의 목표인 '이어주는 말의 쓰임을 설명할 수 있다'라는 실제적인 국어 활용의 효과까지도 얻을 수 있을 것이다.

위에서 예를 든 두 가지는 수업을 하면서 더 삽입하거나 혹은 순서를 바꾸어봄으로써 효과를 높여보기 위한 내용, 즉 '최적의 학습활동을 어떻게 선정할까?'에 대한 수업 구성 예시였다. 그런데 수업 구성은 이에 더해서 앞에서 말해 온 여러 가지들이 총체적으로 구성이 되어야 된다.

몇 가지 보충해보자.

- 수업이 사회과라면 예습 과제를 제시하는 일부터가 수업 구성의 한 부분이 되어야 한다.(꼭 사회과에서만 예습 과제를 주는 것은 아니다. 국어과에서 '제안하는 글'을 공부할 때, '광고'에 대한 공부를 할 때 등도 예습 과제는 필요할 것이다.)

이때 본시의 수업에서 핵심적으로 활용할 내용이 정선되어서 과제로 제시가 되어야지, 대강 제시해 놓으면 수업의 방향이 초점을 잃게 되므로 예습 과제 내용은 대단히 중요하다.

- 핵심 판서를 정리해 보는 일은 수업 구성의 핵심이다.
- 학습 조직을 어떻게 할 것인지 즉 어떤 활동에서 개별이나 모둠 활동을 시킬 것인지, 혹은 역할극을 시킬 것인지, 또 모둠에서 학습한 결과의 발표는 어떤 방법으로 시킬 것인지 등도 수업 구성에서 중요하다.(실물화상기를 쓸 것인지, 그냥 발표를 시킬 것인지 등)
- 심화 혹은 보충학습지가 필요할 수도 있겠다.

정리해 보면 수업 구성은 학습 목표에 맞는 최적의 학습활동을 순서에 맞게 선정해서 각 활동을 할 때 적절한 학습(개별·모둠·전체)을 조직하여 활동을 하면서 걸러진 핵심 내용을 적시에 판서함으로써 학습 목표 도달도를 최대화하기 위한 것으로 교재 연구의 핵심이라고 할 수 있다.

2014. 10. 1. 2교시. 열세 번째 수업 참관, 전 교원 및 4학년 학부모 같이 참관

4학년 2학기, 사회과, 1. 경제생활과 바람직한 선택, 14/16차시, 교과서 47–49
학습 목표 : 똑똑한 소비자가 되는 방법에 대해 설명할 수 있다.

▶ 수업 참관 후 칭찬 내용

- 교재 연구를 충실히 하려 노력했다.

- 판서를 해 가며 설명을 자세히 했다.

- 실물화상기 사용이 적절했다.

- '일반화 지식'을 끌어내려 애를 썼다.

- 다음 차시의 예습 과제를 학습지로 만들어서 자세히 설명했다.

▶ 수업 참관 후 지도 내용

- 수업 구성의 핵심인 학습활동 선정이 적절하지 못했다.

　학습활동을 1. 똑똑한 소비 방법에 대해 토의하기
　　　　　　　2. 물건에 대한 정보를 얻는 방법 알아보기
　　　　　　　3. 물건을 구매하는 곳 알아보기

　로 선정하고 수업을 전개하였다. 학습활동이 바로 학습 목표를 구현하는 중점적인 활동이고 이것이 수업 구성의 핵심이다. 그런데 1번에서 벌써 토의를 시켜버리면 사실상 활동1에서 학습 목표 도달은 거의 된 셈이 아닌가. 그리고 그 뒤의 활동2와 활동3은 활동1을 보충하는 활동이 되었다.

　따라서 학습활동을 다음과 같이 수정해 본다면 수업이 체계가 있고 학생들이 받아들이기에도 쉬웠으리라 본다.

학습활동 1. 물건을 사기 전에 할 일

　　　　　2. 물건을 살 곳 알아보기

　　　　　3. 물건을 산 뒤에 할 일

■ '물건을 살 곳 알아보기'에서 장소 구분이 학생들에게는 다소 생소했다.

　교과서 49쪽을 보면 물건을 구매하는 장소가 시장 · 가게, 텔레비전 홈쇼핑, 인터넷 쇼핑, 스마트폰을 이용한 쇼핑의 네 가지로 제시되어 있는데 교사는 이것들을 '현장'과 '가상'으로 나누어서 지도를 했다. 학생들에게 꽤 생소하게 다가갔을 것 같다. 교과서에 있는 대로 장소를 네 가지로 나누고 장점과 단점을 토의해 보게 했더라면 훨씬 쉽고 효과적이었으리라 본다.

■ 적용 과정에서 다룬 문제가 포괄적이지 못했다.

　적용 과정에서 문제를 제시했는데 구매 장소에 관한 내용만을 다루는 문제를 제시했다. 이 과정에서는 장소에만 국한해서 문제를 주기보다는 물건의 가격, 품질, 디자인을 학생들이 다시 한 번 가늠해 볼 수 있는 문제를 주었더라면 좋았겠다.

　예를 들어보면

　※ 현재 내가 가진 돈(나의 소득)은 10만 원인데 이 돈으로 가방과 실내화도 사야 됩니다. 여러분은 다음 중 몇 번의 가방을 선택하겠습니까? 가방의 가격과, 품질, 디자인을 비교해 보고 선택해 봅시다. 아래에 자기가 선택한 이유도 써 봅시다.

순	가격	품질	디자인
1	5만 원	△	△
2	7만 원	○	△
3	10만 원	○	○

선택한 이유 : 예 1) 저는 2번을 선택했습니다. 왜냐하면 디자인은 좀 떨어

지지만 품질이 좋고, 가격도 실내화까지 사려면 내가 가진 돈으로는 이 가격이 적당하다고 생각했기 때문입니다.

예 2) 저는 3번을 선택했습니다. 품질도 좋고, 디자인도 좋기 때문입니다. 실내화는 나중에 부모님께 다시 사달라고 말씀 드리면 될 것이라고 생각했습니다. 등

■ '일반화' 지식을 끌어내는 문제

적용 과정이 끝나고 오늘 공부한 내용을 통해 알게 된 것은 무엇인지 한 문장으로 정리해 보게 했지만 대부분의 학생들은 어려워했다. 교사가 끌어내고 싶었던 것은 '소득은 한정되어 있기 때문에 소득에 맞춰 똑똑하게 소비해야 된다.'였다. 그런데 왜 학생들이 어려워했을까? 단 한 명만이 소득이라는 말을 사용했을 뿐이다. 학생들이 어려워한 이유는 활동1에서 '물건을 사기 전에 할 일'을 가르치면서 그때 '자신의 소득을 확인해야 한다.'라고 교사가 단 한 번 '소득'이라는 용어를 사용했기 때문이다.

이 수업에서는 소비생활의 기준이 바로 소득이라는 점을 강조해야 된다. 그래서 물건을 사기 전에도, 물건을 살 곳을 알아보는 일도. 물건을 산 뒤에 할 일도 반드시 '소득'을 중심에 놓고 함께 다뤄졌어야 된다. 물건을 사기 전에 내 소득은 얼마인지, 물건을 살 때에도 내 소득에 맞춰서 품질이나 디자인이 좋은 것을 사려면 어떤 장소를 선택해야 되는지, 물건을 산 뒤에는 내 소득에 맞춰서 샀는지, 과소비를 하지 않았는지 등을 따져 봐야 됨을 가르쳤더라면 학생들 입에서 '소득에 맞춰서 소비가 이루어져야 된다.' 정도의 문장은 진술되었으리라 본다.

이 수업에서 낱낱이 가르쳐지는 것도 중요하지만 결국은 이 낱낱의 활동들을 통해서 알게 하려고 하는 것은 '일반화' 지식이다. 그래서 동기 유발부터 적용 과정까지 일반화 지식을 염두에 둔 일관된 수업이 진행되어야 된다. 수업 끝부분에서 억지로 일반화 지식 문장을 끌어내고 학생들에게 주입을 시키는 방식이 되어서는 안 된다. 그러므로 적용과정에서도 3)번을 선택한 학생은 지도가 필요한 것이다. 소득에 맞추지 않았으므로.

※ 오늘의 수업은 2학기 수업 연구 계획에 의거하여 실시한 공개수업이었다. 민은미 교사가 1학기 수업 연구에 의한 수업을 공개했을 때는 수업 구성이 탄탄하게 잘 되었기 때문에 큰 실수 없이 수업을 공개했고, 칭찬도 많이 받았었다. 그런데 오늘의 수업은 수업 전에 내가 관여하여 수업 구성을 해주면 수업 구성의 중요성에 대한 인식이 다소 무디어질 것 같기도 하고, 수업 후에 자신의 수업 구성 능력에 어떤 문제가 있었는지 짚어보는 것이 더 자극을 줄 수 있을 것이라는 생각 때문에 전혀 수업 전 지도 없이 수업을 공개하도록 하였다.

그동안 여러 가지 지도해 드린 것들이 좋은 습관으로 정착된 것도 있지만, 단기간에 될 수 없는 것들, 특히 수업을 구성하는 문제는 상당히 어려운 것이라는 것을 다시 한 번 깊이 느꼈을 것으로 생각한다.

특히 수업 구성 면에서 꾸준히 깊은 천착이 있기를 바란다. 그동안 별 같은 눈을 반짝거리며 내 말에 귀 기울여 준 민은미 선생님께 감사드린다.

지도를 받고

지난 1학기 공개수업 때는 수업 전 협의회를 거치고 교장 선생님의 꼼꼼한 지도를 통해 완성도 높은 수업을 진행할 수 있었습니다. 그러나 2학기 공개수업 때는 교장 선생님의 수업 전 지도 없이 그동안 배운 점들을 토대로 스스로 수업 준비를 하였습니다.

열 번이 넘는 수업 지도를 통해 개선의 노력을 기울인 결과, 교사가 수업을 진행하는 자세와 태도에서 크게 실수한 점은 없었지만, 가장 중요한 수업 구성은 효율적으로 이루어지지 못하였습니다. 나름대로 교재를 연구하며 탄탄한 수업 구성을 해 보려고 하였으나 아직 교재를 분석하는 안목이 부족함을 여실히 느꼈습니다.

손으로 가르치고
손으로 배우자

우선 학습활동 선정에서부터 문제가 있었습니다. 교과서에 제시된 순서 그대로 활동을 구성하다 보니 수업의 흐름이 어색하게 흘러갔습니다. 그래서 수업의 체계도 분명하지 않고 학생들이 학습 내용을 받아들이는 데도 어려운 점이 있었습니다.

수업 구성이 제대로 되지 못하다 보니 일반화 지식을 도출하는 데도 어려움이 있었습니다. 이번 수업에서 다루는 일반화 지식은 '소득은 한정되어 있기 때문에 소득에 맞춰 똑똑하게 소비해야 한다.'였습니다. 이를 수월하게 이끌어 내기 위해서는 '소득'이란 개념이 중요하게 지도되었어야 했습니다. 하지만 이것은 첫 번째 활동의 일부분으로 다루어졌을 뿐 수업 내내 반복 지도되지 못했습니다. 수업을 구성할 때 이 부분을 고려하지 못한 탓이었습니다. 일반화 지식을 염두에 두고 수업을 일관되게 진행하였다면 수업의 끝에서 이를 보다 수월하게 끌어낼 수 있었으리라는 것을 알게 되었습니다.

또한 적용 단계에서 공부한 내용을 포괄적으로 다루지도 못하였습니다. 물건을 사는 장소에만 국한해 적용 활동을 진행한 것입니다. 물건을 사는 단계별로 똑똑하게 소비하는 방법이 다양하기 때문이 이것들을 모두 다룰 수 있는 적용 문제를 고민해보아야 했던 것입니다.

이번에 스스로 공개수업 준비를 하며 아직도 수업 구성에 있어서는 부족한 점이 많다는 것을 깨달았습니다. 그리고 이것은 쉽게 체득되는 것이 아니라는 것을 알게 되었습니다. 수업을 구성하고 계획하는 능력, 그리고 교과서를 제대로 분석할 줄 아는 안목은 교사의 끊임없는 연구와 노력이 있어야지만 가능함을 깨닫게 되었습니다.

19

미용사처럼
마무리하는가?

우리 반 모두를 100% 정확하게 다 가르치기는 사실 불가능하다.
그럴더라도 늘 이렇게 생각해 보자.
수업 한 시간을 끝마칠 때 나는 고객 관리를 처음부터
끝까지 깔끔하게 잘 해주는 미용사처럼 수업을 했는지,
한 학기를 마치거나 한 학년을 마치고 학생들을 진급시킬 때,
나는 이번 학기를, 이번 학년도를 최선을 다했는지…….

미용사라고 했지만 남자들은 이발사를 생각해 보면 될 것이다. 성인이 된 여자나 남자치고 미용실이나 이발소에 가보지 않은 사람은 없을 것이다.

사람의 머릿결이나 숱이나 길이 등에 따라 미용실에서 한 번 손질을 하는 데 걸리는 시간은 다 다르다. 내 경우에는 머리카락이 자꾸만 가늘어지니까 파마를 하러 가면 시간이 꽤 걸리는 편이다. 그동안 나는 미용실을 몇 번 바꾸고 지금 다니는 미용실은 꽤 오랫동안 다니고 있다. 미용사가 내 머릿결에 맞춰 가능하면 덜 상하도록 최선을 다해 주기 때문이다.

파마를 하러 미용실에 들어가면 미용사가 다음과 같이 손질을 해준다.

먼저 머릿결 상태를 보고 정성을 다해서 감겨준다.

적당히 잘라낸다.

좋은 파마액을 발라놓는다.

조금 후 롤을 말고 공기가 새지 않도록 랩으로 싸준다.

한 시간 정도 지나면 중화제를 바른다.

다시 15분 정도 지나면 롤을 풀고 감긴다.

영양제를 바르고 손으로 계속 털며 찬바람으로 말려준다.

다시 한 번 가위로 다듬어 준다.

마지막으로 드라이를 해준다.

이 순서는 손님이 줄줄이 기다리고 있어도 어느 한 가지 소홀하게 처리하지 않는다.

나는 앞에서 말했듯이 2월 말에 실시하는 학교경영 설명회 때 교사들에게 이 말을 꼭 해왔다. 만일에 미용사나 이발사가 이렇게 손님에게 정성을 들이지 않으면 미용실이나 이발소가 어떻게 되겠느냐고? 그러면 교사들은 이구동성으로 말한다. 그 미용실이나 이발소는 고객이 끊기게

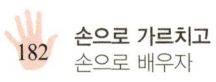

되어 망할 것이라고.

그렇다. 그럼 우리들을 한번 돌아보자고 나는 말한다.

우선 단위 수업 시간 한 시간만 놓고 보자. 학습 목표가 '18×3을 계산할 수 있다'이다. 이 수업 목표에 도달하기 위해서 활동이 두 가지 제시되어 있는데, 두 활동 모두 풀이 과정을 학생들이 말로 설명할 수 있어야 된다. 그 뒤 활동으로는 마무리 문제가 있는데 이 마무리 문제에서도 계산한 과정을 말로 설명할 수 있어야 된다.

쪽수로는 기실 두 쪽밖에 안 되기 때문에 대강 가르칠 수 있을 것 같지만 교재 연구를 제대로 하지 않고 가르치면, 즉 활동마다 학생들이 말로 설명하면서 이 문제를 풀 수 있도록 가르치지 않으면 제대로 목표에 도달한 것이 아니다. 그리고 학생마다 개인차가 있어서 교사가 몇 명은 반복적인 설명을 해주어야만 알아듣는 경우가 있을 것이다. 그런데 몇 명만 말로 설명해 보게 하고 넘어가지는 않는지? 그래서 몇 명을 제외한 대다수의 학생은 무엇을 배웠는지 모르는 채로 다음 차시로 넘어가지는 않는지 반성해 봐야 된다. 만일에 미용사가 파마를 해 줄 때 그 사람의 취향이나 머릿결의 방향을 무시하고 롤을 말아두면 파마가 제대로 나오지 않는다. 또 중화제를 바르고 다른 손님 보느라 바쁘다고 정해진 시간보다 더 많이 놓아두어도 안 될 것이다.

교실에서 교사들은 일정 학습 목표에 도달시키고자 애를 쓰지만 대부분 40분 끝 종이 울리면 수업은 끝이 난다. 우리 반 학생들의 40%도 이 목표에 도달하지 못했는데……. 만일 미용사 같으면 중화제를 발라두었다가 '어? 문 닫을 시간이군' 하고, 마무리를 안 한 채 고객을 내보내겠는가? 절대로 있을 수 없는 일이다. 그런데 교실에서는 이것이 가능하다. 각 시간마다 가르친 것이 목표에 40% 정도 도달했거나 70% 정도 도달했거나 상관없이 끝 종이 나면 끝내야 된다. 다음 수업이 또 있으니까. 그것은 미용실에서 고객의 머리를 감기다가 시간이 되었다고 머리를 산발한 채로 내보내는 것과 같은 모습으로, 우리 학생들은 전 시간의 학습 목표에 충분히 도달하지 못한 채로 그다음 수업을 받는 것이다.

한 학기를 마칠 때를 생각해 보자. 여러 교과를 생각해 볼 때, 학생들이 국어과는 국어과대로 수학과는 수학과대로, 사회과는 사회과대로 어느 것 하나 제대로 깔끔하게 학년 목표에 도달하지 못한 채로, 미용실의 고객이 머리를 감다가, 혹은 중화제를 바른 채로, 혹은 한쪽은 머리를 자르고 한 쪽은 안 자른 채로 문 닫을 시간이 되었다고 내쫓기는 것처럼 다음 학년으로 올라가는 것은 아닌지…….

우리 반 모두를 100% 정확하게 다 잘 가르치는 일은 사실 불가능하다. 그렇더라도 늘 이렇게 생각해 보자. 수업 한 시간을 끝마칠 때 나는 고객 관리를 처음부터 끝까지 깔끔하게 잘 해주는 미용사처럼 수업을 했는지, 한 학기를 마치거나 한 학년을 마치고 학생들을 진급시킬 때, 나는 이번 학기를, 이번 학년도를 최선을 다했는지…….

에필로그

교육대학에 바란다

　교장 발령을 받으면서 세운 바람 중 중요한 것 한 가지는 신규 교사를 열 분은 모셔야겠다는 것이었다. 이런 바람을 가진 데는 이유가 있다.

　장학사 시절에 장학 지도를 나가서 지정반의 수업을 보면 경력이 10년이 넘게 쌓여 있어도 수업이 잘 되지 않는 것을 보곤 했다. 그 선생님들이 일을 잘해서 교육청에는 꽤 이름이 알려져 있기 때문에, 교육청의 행사 때면 차출이 되어서 업무 지원을 잘 해 주시는 것을 보았다. 그래서 수업도 잘할 것 같았지만, 정작 수업은 허점이 너무 많은 것을 보곤 했다. 그런데 이미 10년이 넘은 선생님들은 중요한 것들을 짚어서 지도해 드려도 잘 개선이 되지 않는 것을 보았다. 그 이유는 이미 10여 년을 혼자서 그렇게 해 온 습관이 굳어졌기 때문이었다. 참 안타까웠다. 교사들도 교직 초기에 잘 배워서 좋은 교수 습관을 가져야 된다는 것을 장학사 시절에 절감한 것이다.

　7년 반 동안 교장을 하면서 여덟 분의 신규 교사를 모실 수 있었다. 기간제 신규 교사(한 달 내지 한 달 반 정도 근무) 두 분까지 합하면 열 분이 된다.

　그동안 같이 근무한 신규 교사는 전주교대, 광주교대, 춘천교대, 공주교대, 한국교원대까지 다섯 군데의 교육대학교 졸업 교사들을 모셨으니까

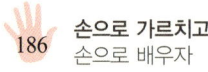

자연스럽게 비교도 된다고 보겠다.

단지 그 교육대학교만의 문제인지는 모르겠는데, 몇 가지 예를 들어 보겠다.

어떤 교사는 전공이 사회과였다. 사회과 수업을 참관하고 몇 가지를 물어보았지만 아주 기초적인 것도 모르고 있었다. 그래서 교대에서 실습을 할 때 사회과 수입을 해 봤나고 물었더니 실습할 때 사회과 수입을 한 번도 안 해봤다고 했다. 왜? 교대 3학년 실습 때는 초등학교 1학년 교실에 들어갔고, 교대 4학년 실습 때는 초등학교 2학년 교실에 들어갔다는 것. 말문이 막혔다. 교육대학교에서 관심을 가져야 될 일인가, 실습 학교에서 관심을 가져야 될 일인가. 4주씩 하는 실습을 1주씩 학년별로 돌리든지, 2주씩 돌리든지 그래서 실습은 모든 학년을 해 보고 적어도 국, 수, 사, 과, 영 등 주요 과목 수업은 단 한 번씩이라도 해 볼 기회를 제공해야 되지 않겠는가.

또 어떤 교사는 오르간을 치지 못하는 교사도 있다. 오르간에 대한 것은 앞에서 언급했으므로 여기서는 생략한다.

또 어떤 교사는 토의 방법을 잘 모른다. 토론 방법을 모르는 것은 물론이고.

또 신규 교사들 대부분이 칠판에 쓰는 글씨를 처음부터 교과서체로 제대로 쓰는 교사들은 거의 없다.

그래서 신규 교사들은 글씨 쓰는 것부터 시작해서 가르쳐야 될 것이 무궁무진하다. 가르치는 게 누구의 몫일까? 다 교장의 몫이다.

그러면 신규 교사들은 무엇을 알고 교단에 서는 것일까? 무엇을 알고 3

월부터 귀한 아이들을 가르치는 것일까?

신규 교사를 열 분이나 모시고 있었던 교장으로서 교육대학교에 바라는 것은 다음과 같은 것들이다.

교육대학교의 강의 방식이 좀 바뀌어야 된다고 생각한다. 교육대학교를 졸업하면 바로 나와서 교사가 되어야 되기 때문에 교사가 되었을 때 필요한 교수법을 교육대학교 교수들로부터 강의를 들을 때 자연스럽게 익혀야 된다. 교육대학교 교수의 강의는 일반대학교 교수의 강의법과는 달라야 된다. 어떻게 달라야 될까?

즉 교사는 학교로 발령을 받으면 당장에 첫 시간부터 판서를 해야 된다. 판서를 할 때 교사는 학생들이 보았을 때 칠판의 오른쪽에 서야 되고, 몸을 왼쪽으로 약간 틀어서 학생들을 보는 듯한 자세를 가져야 된다. 판서는 교과서체로 해야 되며, 줄을 그을 때는 눈대중으로 대충 죽 긋는 것이 아니고 자를 사용해서 반듯하게 그어야 된다. 판서뿐만 아니라 발표를 시켜야 되고, 발표를 시키고 나서는 주의 깊게 들어주어야 된다. 또 토의도 시켜야 되고, 때로는 토론도 시켜야 된다. 그리고 교수 용어에 군말이 들어가서도 안 된다.

예를 몇 가지 들었는데, 이런 것들을 교육대학교의 교수들이 시범을 보여야 된다고 생각한다. 자신의 과목을 강의할 때 위에서 말한 여러 가지 모습들을 시범적으로 보이며 강의를 해야 된다. 강의를 할 때 내용에 따라서 어느 날은 토의식으로 혹은 토론식으로 이끌어 보고, 토의된 내용을 발표해 보게 함으로써 자연스럽게 토의나 토론 및 발표 방법을 익히게 하고, 과제는 손글씨로 써오게 하거나, 시험을 볼 때 글씨를 교과서체로 쓰지 않으면 감점이 있다거나 등등 교사가 갖추어야 될 아주 기본적인 것들을 의도적으로 습관 들이게 해 주면 4년간의 교육대학 시절에 자연스럽게 몸에 배게 될 것이다.

교육대학교의 모든 교수들이 이런 사명감을 갖고 강의를 할 때 의도적으로 지도해야 된다. 즉 교육대학교의 교수는 교과와 관련한 지식을 가르치면서 교수 방법에 대한 기본적인 것들을 염두에 두고 가르쳐야 된다는 뜻이다.

교사들이 이런 기본적인 것들이 몸에 배어 있다면 첫날 첫 시간부터 당당한 자세로 자신감이 넘칠 텐데, 그러지를 못하는 것은 기본적인 것들이 결여되어 불안하기 때문이다.

이제 각 교과별로 들어가 보자.

국어과 교수는 과제 하나를 볼 때에도 글씨, 글의 구조, 문단 구분해서 쓰기, 제목과의 연관성 등을 평가하고 그것으로 끝날 것이 아니라 반드시 피드백을 해 줘야 된다. 그래야 학생들이 피드백을 받으면서 자신이 어떤 점에서 문제를 가지고 있는지 알게 되고, 당장 학교에 나오면 학생들을 지도할 때 어떻게 가르쳐야 되고, 어떻게 피드백을 해줘야 되는지 알지 않겠는가. 교단에서 우아하게 강의하고 평가 결과를 통보만 하면 될까? 국어과 교수는 (현재 국어과 커리큘럼까지 보지는 않았지만) 산문에서 기사문 쓰기, 주장하는 글쓰기, 설명하는 글쓰기 등의 실제를 가르쳐보고 평가 및 피드백도 해 주어야 되고, 또 운문에서 시를 해석하고 감상하는 방법 등을 가르쳐주어야 될 것이다. 현장에 나오면 당장에 국어과 지도를 할 때 산문, 운문 다 가르쳐야 함은 물론이고, 일기 지도, 독서 감상문 지도, 학교 자체 행사 후 보고서 쓰기, 백일장 대회, 타 기관 우수 작품 제출 등등…… 이런 것들을 선생님들은 잘 모르는 채로 지도를 하고 있다. 누구에겐가 배워야 될 것들을 제대로 배우지 못하고 자신감 없이 교단에 서게 된다. 이런 것들을 누가 다 가르칠 것인가?

수학과라면 분수나 나눗셈 지도를 할 때 어떻게 지도하는 것이 효과적인지, 사회과라면 탐구 수업을 할 때 예상은 어떻게 하고 검증은 어떻게 하며, 일반화 지식은 어떻게 문장으로 구성하는지, 과학과라면 발견학습은 어떤 절차를 거치고, 수업 말미에는 어떻게 마무리해야 되는지 등을 가르쳐야 되지 않겠는가.

그래야 학교로 발령을 받고 나오면 발표 지도, 토의지도, 판서의 구조화, 교과서체의 글씨 등을 교장이 처음부터 가르치지 않아도 자신감 있게 학생들을 가르치고 적어도 자기 전공과목만큼은 어느 정도 자신감을 갖고 임하지 않겠는가. 그래야 자신의 전공과목을 다른 교사가 수업을 했을 경우 뭐라고 한 마디라도 전문가답게 짚어낼 수 있지 않겠는가. 나머지 교과에 대해서는 학교에서 수업 연구를 충실히 하면서 배워 간다고 하더라도.

즉 교육대학교의 교수들은 교육대학교의 학생들로 하여금 교재 연구를 충실히 한 후 수업을 해야 된다는 것을 몸소 보여주고, 수업을 할 때의 기본적인 것들로, 발문하기, 발문하기 전에 사고하게 하기, 발표 자세, 토의

(토론) 방법, 듣기 자세, 판서 내용 및 방법, 교과서체의 글씨체, 과제 제시 및 활용, 메모하기, 교수 용어 등을 시범적으로 보여주고, 전공과목에서 중요한 것들은 실제로 초등학교 교과서를 놓고 가르치는 방법을 같이 토의해 보며 알게 하고, 평가를 할 때는 어떻게 하는지도 가르쳐 주고, 평가 후에는 반드시 피드백 해 주어야 된다는 것도 실제로 평가 후에 피드백을 해 주면서 가르쳐야 된다는 말이다.

교육대학교 1학년 때부터 이렇게 공부를 하고 나오면 정말 베테랑이 될 텐데…….

신규 교사 때부터 수업 장학을 충실히 하는 교장을 만나면 그나마 배우지만, 그것도 아닐 경우, 즉 1년이 다 가도 수업 연구 한 번 해 보지 않는 경우에는, 특히 초등은 교실 문 꼭 닫고 혼자 1년, 2년 지나다 보면, 학생들은 아랑곳하지 않는 강의식 수업이나 혼자 떠드는 수업, 교재 연구를 해도 그만, 안 해도 그만인 수업, 교과의 지식을 특별히 갖추지 않아도 교과서의 순서대로 지시만 하면 그만인 수업, 어려운 것은 과제로 내 주면 그만인 수업에 함몰되어버리고 만다. 그래서 그렇게 10년, 20년이 지나면 경력만 쌓이지, 제대로 수업을 하지도 못하고, 남의 수업을 보고도 무엇을 어떻게 조언해야 할지도 모르는 것이다. 그래서 그런 선생님들은 수업 연구를 제대로 하는 분위기의 학교에서는 적응을 잘 하지 못하는 경향이 있어 요리조리 피해 다니는 것을 볼 수 있다.

수업 연구를 충실히 해서 10년이 되면 그만큼, 20년이 되면 그만큼의 전문성이 쌓여야 될 것이다. 그래서 후배가 발령을 받아 오면 선배답게 자신 있게 안내할 수 있는 능력, 혹은 그런 풍토가 조성되어야 될 것이다. 그것의 싹이 교육대학교에서부터 시작되어야 될 것이다. 임용 고사에만 목을 맬 일이 아니다.

교육대학도 교육부로부터 평가를 받을 것이다. 무엇으로 평가를 받을까? 신규 교사들을 보며 내가 늘 하는 생각이다. 임용 고사 합격률로 받을까? 그 외에도 여러 가지가 있겠지만, 교육대학교에 대한 평가의 일부는 신규 교사를 모시고 있는 학교의 교장들로부터 설문을 받아서 평가해야 된다고 생각한다.

손으로 가르치고
손으로 배우자